KIDS PUZZLE ACTIVITY BOOK

CAPTIVATING CHALLENGES

MAZES, WORD GAMES, LOGIC PUZZLES, CROSSWORDS, SUDOKU, AND MORE
TO ENGAGE YOUNG MINDS AND CULTIVATE PROBLEM-SOLVING SKILLS

Copyright © 2023

Kids Puzzle Activity Book: Captivating Challenges
Mazes, Word Games, Logic Puzzles, Crosswords, Sudoku, and
More to Engage Young Minds and Cultivate Problem-Solving Skills

Ages 8-12

All rights reserved.

No part of this publication may be reproduced, distributed, or transmitted in any form or by any means, including photocopying, recording, or other electronic or mechanical methods, without the prior written permission of the publisher or permitted by copyright law.

Notes to Parents

This activity book is designed for children ages 8-12 years. It will help them develop their thinking, problem-solving, and analytical skills.

Welcome to the world of "Kids Puzzle Activity Book: Captivating Challenges." is focused on developing kids critical thinking and problem-solving skills in an engaging and enjoyable way.

In this book, your child will be able to:
- Enhance fine motor skills
- Practice solving mazes
- Play word games
- Practice solving logic puzzles
- Solve math puzzles
- Explore reasoning games and more!

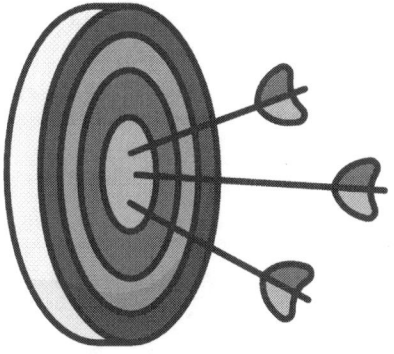

We invite you to actively participate in your child's learning adventure by working through these puzzles and activities together. This shared experience can create lasting memories and foster a love for learning.

Introduction

Welcome to the captivating world of "Kids Puzzle Activity Book: Captivating Challenges."

This engaging activity book is thoughtfully designed to nurture the critical thinking and problem-solving skills of 8-12-year-old children.

Within its pages, your child will embark on a stimulating journey, enhancing their cognitive abilities.

This book offers child the opportunity to solve:

- ✓ **Mazes**
- ✓ **Word Searches**
- ✓ **Crosswords**
- ✓ **Text Mazes**
- ✓ **Word Scrambles**
- ✓ **Logic Puzzles**
- ✓ **Picture Sudoku**
- ✓ **Number Sudoku**
- ✓ **Dot to Dot**
- ✓ **Count My Cubes**

Have *fun* with puzzles!

This Book Belongs To:

Easy
Maze Puzzle!

Guide the rocket through to reach the space station.

Easy Maze Puzzle!

Help the submarine navigate to find the lost treasure chest.

Medium

Maze Puzzle!

Let the explorers discover the hidden temple.

Medium
Maze Puzzle!

Sail the ship through the pyramid!

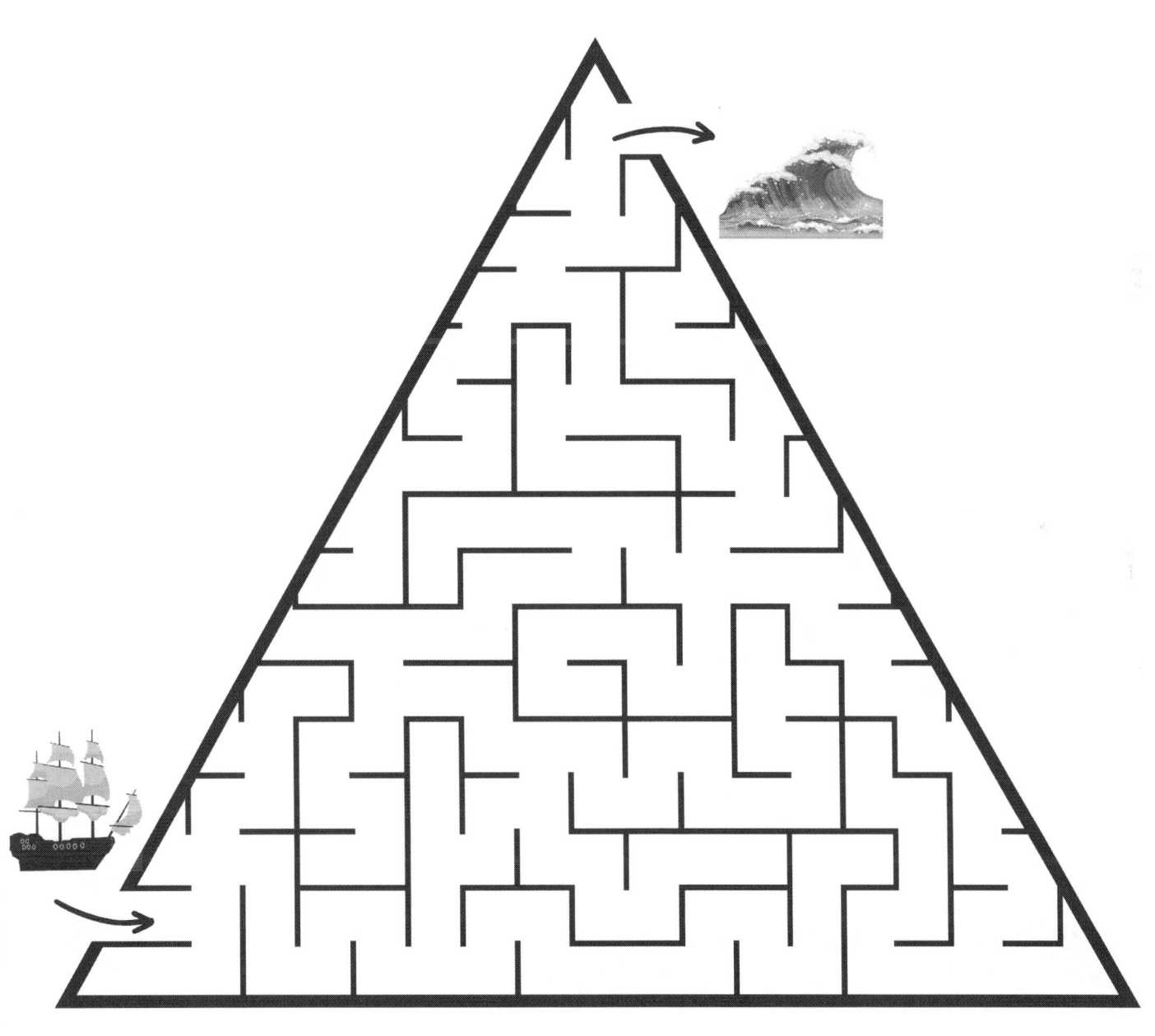

Medium
Maze Puzzle!

Help the farmer get his tractor through the fields.

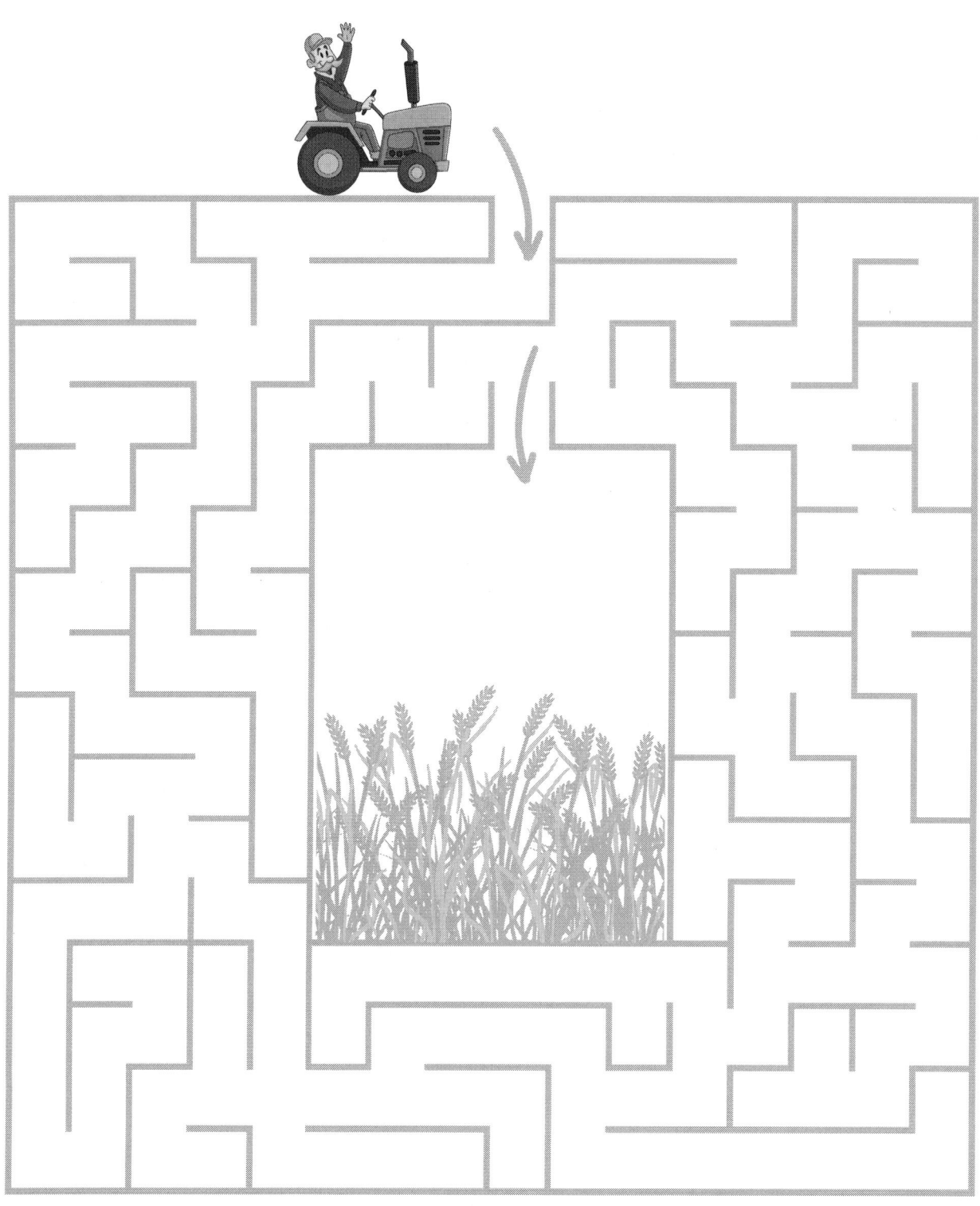

Challenging Maze Puzzle!

Help the cowboy find the way to reach the gold mine.

Challenging Maze Puzzle!

Navigate through the castle to rescue the captured princess.

Expert
Maze Puzzle!

Score a goal! Lead the soccer ball through the maze to reach the net.

Expert Maze Puzzle!

Help the dinosaur find its way to the volcano!

Super Expert Maze Puzzle!

Travel through time! Let's find the way out of this maze!

Animals Word Search

Circle the hidden words in the puzzle below!

```
R M Y X L Y I V F Z B P S Q F U V O W E J X B I R
A R T S Y Z I W C M T C A C T U B Q W L F X L C Y
Q V X E M D E H R H I W T H B G H Z L X X M M S E
F H U L B X T O P A G W H I Y F I V M N L L N D N
C R S O P E V L B Z E J Y M J H P G O R I L L A U
M P P F Z E J T F V R I D P N W L O F W X G A Y W
Z I V O I W N H Z N F S V A D R A U K I M F T C I
V R C W E P T G W V S M B N Z Z F P K T O H C Z A
L Y R R I C Q F U I N H H Z U R K B H U F X A N C
W R F Q U D I U I I J G W E S G Q F C W D Q T N H
J F C Z K Q W A O W N N I E R P O T N H Y S W P O
T N F K O Z O J K J X K G R H Q K W Y A E Z B B A
R H N O A E L E P H A N T A A E Y Y I X B E O I N
K D T F L K C X B B V L Q A I F Q K Q O X G T G P
K C U D A Y E T W Q F W B C G S F F Q P Z R F A Y
J T A R M A D I L L O T H V E K A E T Y O A Q X H
X R R E T K M Z R S R Z B R F Y A H N A P Y I J S
X J Y A L L I G A T O R G L F Y L J Q J H I I H A
S N W V V M K A N G A R O O I S U M A B R H G Q W
A L R C T F A W X I J O N P M Z E B R A P K F Z S
```

WORD BANK

ELEPHANT	KOALA	CHIMPANZEE
TIGER	CHEETAH	ZEBRA
GIRAFFE	GORILLA	ALLIGATOR
PENGUIN	KANGAROO	ARMADILLO

Sports Word Search

Circle the hidden words in the puzzle below!

```
T F Y B A D M I N T O N K M G S O C C E R Q Q P Q
V S N Y J O A E P T A G J Y D Q K C D R R Q M Z U
C F C Z Z Y D U W L A B B Z Y S A B H A N V R I D
Y Y W Y A Q F H X C C H A H V B A S E B A L L D S
C X V Z H X W I A M Y C S S P Q T W E H U Q O P O
L S O F G P W A G O T D R T K Q P E J Z X D O D U
I K L T P I Z P B D T E N D N E U O D E K F H R S
N H L S X Z S K K X H P N W J B T N M F A B N B R
G I E I U H B E B J B D W N D V Q B S M D Q C N T
A P Y D G P V C L W P C Q W I H T O A Z T X X W M
L Q B D F Y K J R M F E H T R S B Y X L F Q Y U P
F X A N O B M L L S N N Q V X L T N J D L J H D E
P K L L H Y R N R U G B Y E P Q S G J O W G Q H Z
U P L X O O V T A A O T K I F P W O I T W F S Y C
Z E M I C G W F R S U G O L W I I L H V Y T D K W
O D E N K Q B Y N Z T X D M O Q M F Q Q E U N P B
U Y D L E E U C H O R I A Y Y R M I L O P N Q G W
M V N M Y D Z J G V D X C H Q U I T D T X J A T G
M V A P J G Q P E R B K V S Q T N Q O O F C O I F
H S Y E E B T P H H Y Z A X V T G R H F B B B F K
```

WORD BANK

SOCCER	VOLLEYBALL	GOLF
BASKETBALL	SWIMMING	HOCKEY
TENNIS	GYMNASTICS	BADMINTON
BASEBALL	CYCLING	RUGBY

Food Word Search

Circle the hidden words in the puzzle below!

```
N Q S J Z G Z G Y P L Q V Y A Y I V D B M W W I D
S Y Q O N T A V W W J C D M I S Z S Q M P I M G H
S A N D W I C H U Y D H M H C E W C V Q U G F Q N
U I L J M D F A C I M L U X K E P Z A W Y D J A O
F D F G Q P Z C D E J V S Y Z N D W Z R H U P L B
H U M W Q Y K U B P X W W L O L Q M W H R E X J G
C B U P J J Q P V F O K I R L R Y C H X W O X B S
D C X W K D C I M A P Z U U C Z E F C N P T G S
J B H H P N X A P Y U F C J Z Q P G O X U T Q V P
R W Q C I A H K Z I O F O O M N K P C X F A Q G A
D N C W J W N E N T N Y V U R P H F T V A B S R G
R S Z Q X L N C A F G E H H H N X F S O W R A A H
D P M C O X V V A T U Y A Q R A N C K N H I L P E
T S N T H G K P X K G A F P Y E M Y O Z D K A E T
U P Q G M E X A R Y E A F R P A A B L A P Q D S T
S F N U K T E M L L W G B X Y L Q S U R V G V N I
E V M I X S G S G T R W T D C R E W P R W I A U E
M G A V Z O D V E J R T L P E W Y U R I G R D C H
W J S U S H I S A N D A H D B B B D B T Z T E Z U B
O P F G V U X I M P M G N G O T A C S Z N U R N I
```

WORD BANK

HAMBURGER	SANDWICH	CUPCAKE
PANCAKE	PINEAPPLE	SALAD
SPAGHETTI	SUSHI	GRAPES
POPCORN	CARROT	CHEESE

Transportation Word Search

Circle the hidden words in the puzzle below!

```
F G M S C K I E A T D R H X F K Z E G N A U F G C
T Y P R S B Q R L E L Q A T O M U H F T R N H Z D
L W J I C C O Z D L S Q V H J J W P Q O D S T A I
I L S B C D W K C E S V P C L X R U C N Q E T W D
D J W U T F U I Q S O X K D N E A L K Y U K V E N
T C Y P J O I E J C N G N O B S X L S X A F G V A
B V W B J Y C O A O B N T M U Q F P N R A K F I V
P V U U W L I G C P D I W S B V S Q E M O U V Y P
M B V G X D E N Y E N J T O O M R O J R W N J X H
T I P N R D F C K P N P E L G L J P A O I W E M K
G O R L M X A G H Y Q H N A K K Z N S Z Z M N O X
V L N Z S Z R G T E R Y E R Q C U C K Q V D E E X
P O B X S C I W V D M S S S L A W R W V M A T N U
A G M O L E C U L E X I H Y G G R A V I T Y K O T
Y Y P W I U E W W Z P C S S K D Y O O U B D M V I
G U Z X J V K F K Z A S Z T Q K C R G W C V Z P C
I M A G N E T I S M Y T K E R O K Y A L E X A U W
Q K F K M M V Q E R T L L M E Y W P H F O C K H U
E U X M N G G M M I C R O S C O P E M M P B B Q V
Y D E P P H U O T S C I I C P U D X N K F R K P T
```

WORD BANK

CAR	BOAT	SUBMARINE
BUS	HELICOPTER	SKATEBOARD
BICYCLE	MOTORCYCLE	TAXI
TRAIN	AIRPLANE	SCOOTER

Nature Word Search

Circle the hidden words in the puzzle below!

```
U O F H L V T V D K D G L T D W X D O Z T L O C M
X V L J B H C V W H I S A K C S T P O R I W Q W M
P X K Y A N K H B D V D K O K Z Y W S J P G R G R
N X R N D X Y H N O Y O E Y F M L H V G J L J T M
S C Z P B W R T E A K U Z W F V F R O T H Y C O X
U Y W H G E W N H D H M I S A M O D X I L H S M X
K V E S M J H I E T D G Y O U T R I V E R O V O O
Q S J K A Y X S Q W R C V E S H E M Y S V C B U H
Q M H B U T T E R F L Y W S Q D S R D Z V E Z N K
B K K G W K E B S B B Z U Z U V T F F J V A O T V
J P U R D L G X F M D M A V K P S R L A I N H A A
P U W F E O M J T I E P D N D D D Q H W L Z J I F
R Q P X K P K J M T V E O E P P P A V C F L G N L
Q E U T E G J C V Q W O F G S J U Q U K Q W O L O
C C T R E Q L M N Y Q M P J P E D L W I Y D S T W
N D M O J C S X F T H W V E M N R W U J G J W M E
F S R R S V Z K X Q P S U N S E T T U Z H O R V R
Z D E B M C L O U D U N D T S N Y P G E D Z P Y A
K Y C Q Z P W P S J D Z K A N Z E K U I Z C J R Y
Z G U D Y I I R D F R A I N F O R E S T S G D N K
```

WORD BANK

FOREST	FLOWER	RAINFOREST
RIVER	SUNSET	LAKE
MOUNTAIN	BUTTERFLY	DESERT
OCEAN	CLOUD	WATERFALL

Science Word Search

Circle the hidden words in the puzzle below!

```
F G M S C K I E A T D R H X F K Z E G N A U F G C
T Y P R S B Q R L E L Q A T O M U H F T R N H Z D
L W J I C C O Z D L S Q V H J J W P Q O D S T A I
I L S B C D W K C E S V P C L X R U C N Q E T W D
D J W U T F U I Q S O X K D N E A L K Y U K V E N
T C Y P J O I E J C N G N O B S X L S X A F G V A
B V W B J Y C O A O B N T M U Q F P N R A K F I V
P V U U W L I G C P D I W S B V S Q E M O U V Y P
M B V G X D E N Y E N J T O O M R O J R W N J X H
T I P N R D F C K P N P E L G L J P A O I W E M K
G O R L M X A G H Y Q H N A K K Z N S Z Z M N O X
V L N Z S Z R G T E R Y E R Q C U C K Q V D E E X
P O B X S C I W V D M S S S L A W R W V M A T N U
A G M O L E C U L E X I H Y G G R A V I T Y K O T
Y Y P W I U E W W Z P C S S K D Y O O U B D M V I
G U Z X J V K F K Z A S Z T Q K C R G W C V Z P C
I M A G N E T I S M Y T K E R O K Y A L E X A U W
Q K F K M M V Q E R T L L M E Y W P H F O C K H U
E U X M N G G M M I C R O S C O P E M M P B B Q V
Y D E P P H U O T S C I I C P U D X N K F R K P T
```

WORD BANK

BIOLOGY	MICROSCOPE	ATOM
CHEMISTRY	TELESCOPE	MOLECULE
PHYSICS	MAGNETISM	DNA
EXPERIMENT	GRAVITY	SOLAR SYSTEM

Around the Globle Word Search

Circle the hidden words in the puzzle below!

```
H L Q L B H Z P A E P F H W Z W I Q V Z S G O K I
R B F K Q A B S Q N N U Y B N E C A M D S N Q P X
V Y G M C U U R D K W M F Q U M Q S G X Q Z Y Q L
F H Z F O R T S D G P O L A R B E A R U F C X D T
K S G Q P O W F P G T E A D M B M V I R J O P J A
P U A I U R U I N R E P X T V V M I O P X N E J J
S Y W F F A J E A U I D Q Y V J P Y N R Y T N G M
D S R F A A D O X G F J Y F Y M B D I P V I G T A
P L V A V R R O S B F W S A Z P J W T T G N U P H
H R Q A M G I R G Y E E E M O M E G X F Z E I T A
E G P D Z I M R T B L A R K A N G A R O O N N H L
N O F W G N D M R Y T J E K L C B C R D X T E H Q
R R T G Y G Y S A A O V N D J L H V L B V J U I R
U B T W Q U X B Q E W O G A K L P U U B I O K G F
F D W X P X N Q B L E R E H E C X H P D N X U P K
O Z X B V D H P D D R G T U D I P A A I T T R G F
C C E Z H X B N C B G P I K J V L P J Q C P E E J
Q Y T D P I T U L M H Z R H G I X N Z E C C Y Q L
A M G R E A T W A L L K T W L I U S C V E L H N O
V K Z T N E O T W F M N C G U D G M T N J X V U E
```

WORD BANK

CONTINENT	KANGAROO	PENGUIN
SAFARI	TAJ MAHAL	SERENGETI
EIFFEL TOWER	POLAR BEAR	MACHU PICCHU
PYRAMIDS	GREAT WALL	AURORA

Fantasy Creatures Word Search

Circle the hidden words in the puzzle below!

```
T R R Y S S H P Z N B G M K Y J X M R J V J O B Q
H J O Z Q V P G H A R P Y Q Y B R R W R C Q N A Y
N V O D Y E Z P E G A S U S I A C S A H A W J S U
Y W B Y E L A R Z P W K M P P H O E N I X P O I O
M Y U U T J T T E P D P J E E P R K L W P W T L F
P D P X I Q R Q I M V K M V B U N H I C M E U I A
H X V H P P J M H I T F I O D A B U P V D E M S I
H T G C I L H M A N P V C A W E J U Y O C K Z K R
O U Q Q F E B Y P O S S C O C I Z U Q L A E U W Y
Y K I M F P O N K T O V M E R V K R A F S J M C K
H G U U H Y L A Z A V N F Y I W Z V Q O F V T O A
N A D C U V N V G U Q J A J B L V A S F D G G Y Z
J K R A K E N K O R U S A Q G T Y G O B L I N P K
H V Q C H I M E R A A B Z K A X X X P G T R O L L
D I H E X K Y H Q X K Z T P Y E R V F X I R X O D
G R Y D Z K E G Y T F C A F X N N H I L Z C Q B V
D H I X H E W N X V J R W Z N M W K K V H V C Q
V Y S X K R I M Q K H M H E I L F S S U G J T R K
C A U Q D C G M A E P A Z Z V A G S S A D M B F C
H X I Q K Y M M Y J N T R G G K U N H D W T M U P
```

WORD BANK

PHOENIX	TROLL	PEGASUS
YETI	KRAKEN	NYMPH
GOBLIN	BASILISK	MINOTAUR
FAIRY	CHIMERA	HARPY

Weather and Seasons Word Search

Circle the hidden words in the puzzle below!

```
R J N S O B X I Q Q M K E D F M X X J V B O S I O
R T S P R I N G G G U O A W J O I Q D T L W P J T
W P C S P A X J E W A S V K D T G T R X R X E S A
I R F H Y F E T W T J T L V H X T P Q I M D H V H
U R A I N B O W J M I O N W K Q E C C G R N W I F
A E P A E L P N Y V V D V I O A S T G P M P M P G
U L I J F L Z G J O I Y R N R I B Z L Z O J L G F
W V T T P F F V C W P I E T V R Q W S S Y W Y J R
K V G J R M Z F K J E C E E D M Q Z N K W Q L A Y
F S U T X D W F X Y N V R R N K B X A U T U M N E
A W I C M B C T L P M O N S O O N L P B N Q R S D
O U H M H V E F T C B G U T L W C N I K Z B D A Z
H S C U G S O P Z W C N Z P O H B H F Z X H O M U
U Q U S R D Q G I N G X U D V R I O U V Z B O I E
E M M M A R A B I L L O X P A L N B N M M A R K H
B J A X M W I P S Q O O Z B E D D A B E E S R H P
L T N K N E E C T M I G C D Z A Y M D D Z F H D G
D B T T Y L R Z A R V S F F H H J I J O Z O B V G
H B H A I L F L U N L O Y W Y T V Q P O L O H Q T
Y M W D Q D A K X B E V D B O T H U N D E R G U U
```

WORD BANK

THUNDER	FOG	SUMMER
RAINBOW	BLIZZARD	WINTER
HAIL	AUTUMN	MONSOON
TORNADO	SPRING	HURRICANE

Outer Space Word Search

Circle the hidden words in the puzzle below!

```
T J L S K W R I D A M E T E O R U F O I N A G Z R
D L E P X S O M P X O W B I G T A Q L C M S Z A C
C H N U A A A G D R R U S B P O U I O M H T C U K
O Z Y G S L W T H R H E T X L G A H S R E R P U E
M I T T G I P T E F A S I R Q B T X X N R O C G M
E E L D B G I D O L P Y T Y Q F L I X K F N V T U
T P Y U U A K I Y U L H Y A U J N A A V G A T U P
A B F A N P Q K K I A I I M R S I E C Y Q U C E X
L D X H T P S V S T N H T W C A E U B K L T R Y R
V A L P E U L X P C E S Q E E X S S V U H I V Y G
Y Q Q L T Y D A K B T F V X D L U T I L L O R D K
P X X Q B L B F K F T N S X M H C W E S P A L Y O
W T U H J S P A C E S H I P P J U L C R H T R E K
Y P T E F D R D I P Q J B G Y Z H H Q Y O C W F K
F G M T X I F J G M C J A F G K D V Q V C I N N O
O H D Z Q P B S E B V K G H Q V I E G H Z E D B V
A R M O N A K O Z E F L O Z N V N B E O W N Q V V
N M D U C U J C L Y A C V K K X G A L A X Y C W G
S D C Y P H Z N V M H E I A J N V J R M U D N Z W
V M L M A V U G O E I O W R A K M O N G O U U H G
```

WORD BANK

PLANET	ASTEROID	SPACESHIP
STAR	NEBULA	SATELLITE
GALAXY	METEOR	BLACK HOLE
COMET	ASTRONAUT	UFO

Tech and Science Crossword Puzzle

Fill in the crossword puzzle with the correct word; use the numbers with the clues below.

Across
2. A unit of digital information storage.
3. The largest planet in our solar system.
4. A unit of electrical resistance.
6. A chemical element with the symbol 'H' and atomic number 1.

Down
1. The fundamental particle that carries an electric charge.
5. A celestial body that orbits a planet.

Friends and Family
Crossword Puzzle

Fill in the crossword puzzle with the correct word; use the numbers with the clues below.

Across

3. The buddies you choose!
5. A woman in relation to her child or children.
6. Your sibling's daughter.

Down

1. They are old and tell you fascinating bedtime stories
2. The friendly people who live nearby
4. A man in relation to his child or children.

Lifestyle
Crossword Puzzle

Fill in the crossword puzzle with the correct word; use the numbers with the clues below.

Across
3. The day of the week when school typically ends early.
4. A delicious, cheesy Italian dish often enjoyed for dinner.
5. A popular video-sharing platform.
6. A sweet, frozen treat that comes in various flavors.

Down
1. A place where you can borrow books to read.
2. A popular handheld device used for playing games and apps.

Hobbies
Crossword Puzzle

Fill in the crossword puzzle with the correct word; use the numbers with the clues below.

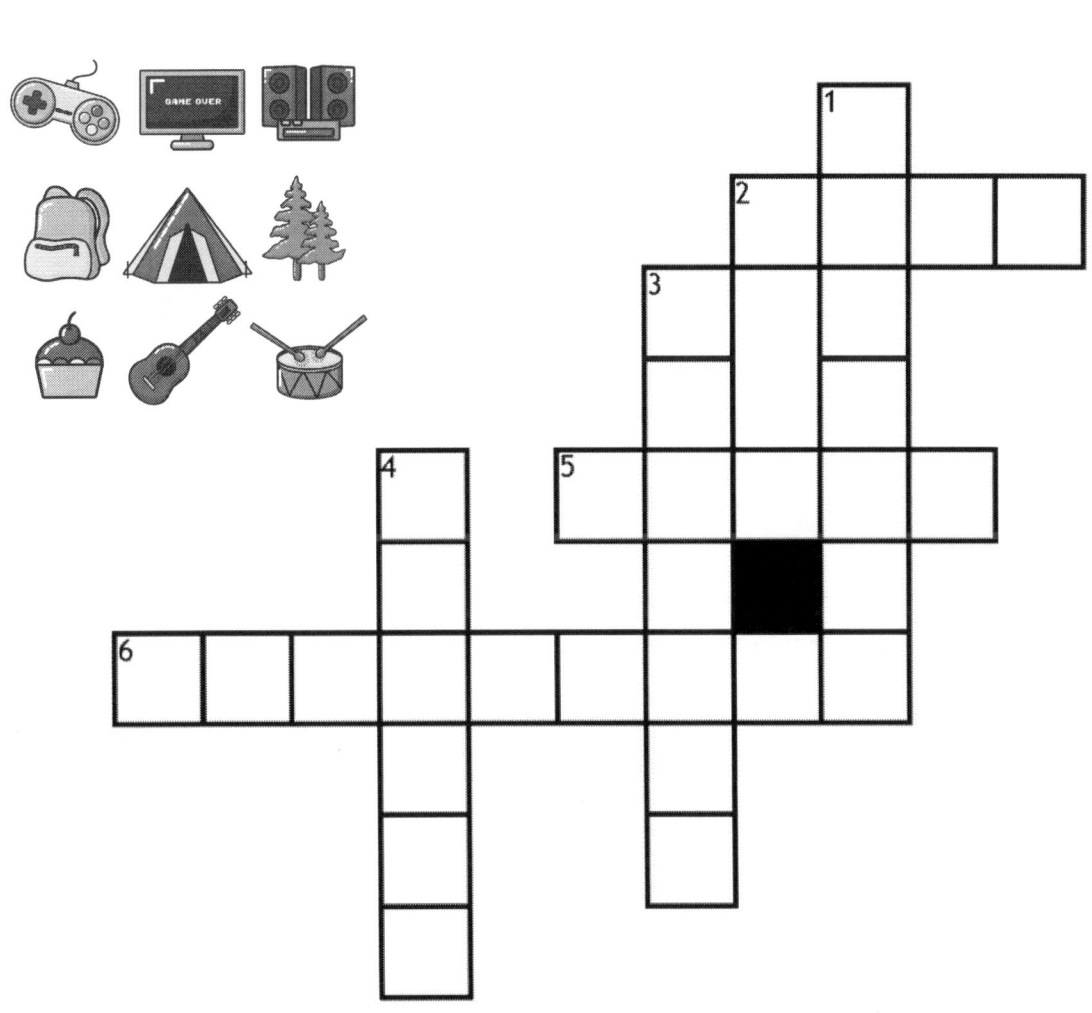

Across
2. An activity where you can build structures with colorful plastic bricks.
5. A hobby that allows you to learn and perform tricks.
6. The process of taking care of plants in the ground.

Down
1. A hobby that allows you to create jewelry with beads and strings.
3. A hobby that involves creating art with colored pencils, markers, and paper.
4. A hobby that involves solving puzzles with missing numbers in a grid.

Seasons and Weather Crossword Puzzle

Fill in the crossword puzzle with the correct word; use the numbers with the clues below.

Across

3. The white, frozen precipitation that falls from the sky in winter.
4. A natural disaster with strong winds and heavy rain.
5. The season when leaves change color and fall from trees.
6. The season known for blossoming flowers and warmer temperatures.

Down

1. A weather phenomenon with flashes of light and loud thunder.
2. The season with the longest daylight hours and warm weather.

Continent Crossword Puzzle

Fill in the crossword puzzle with the correct word; use the numbers with the clues below.

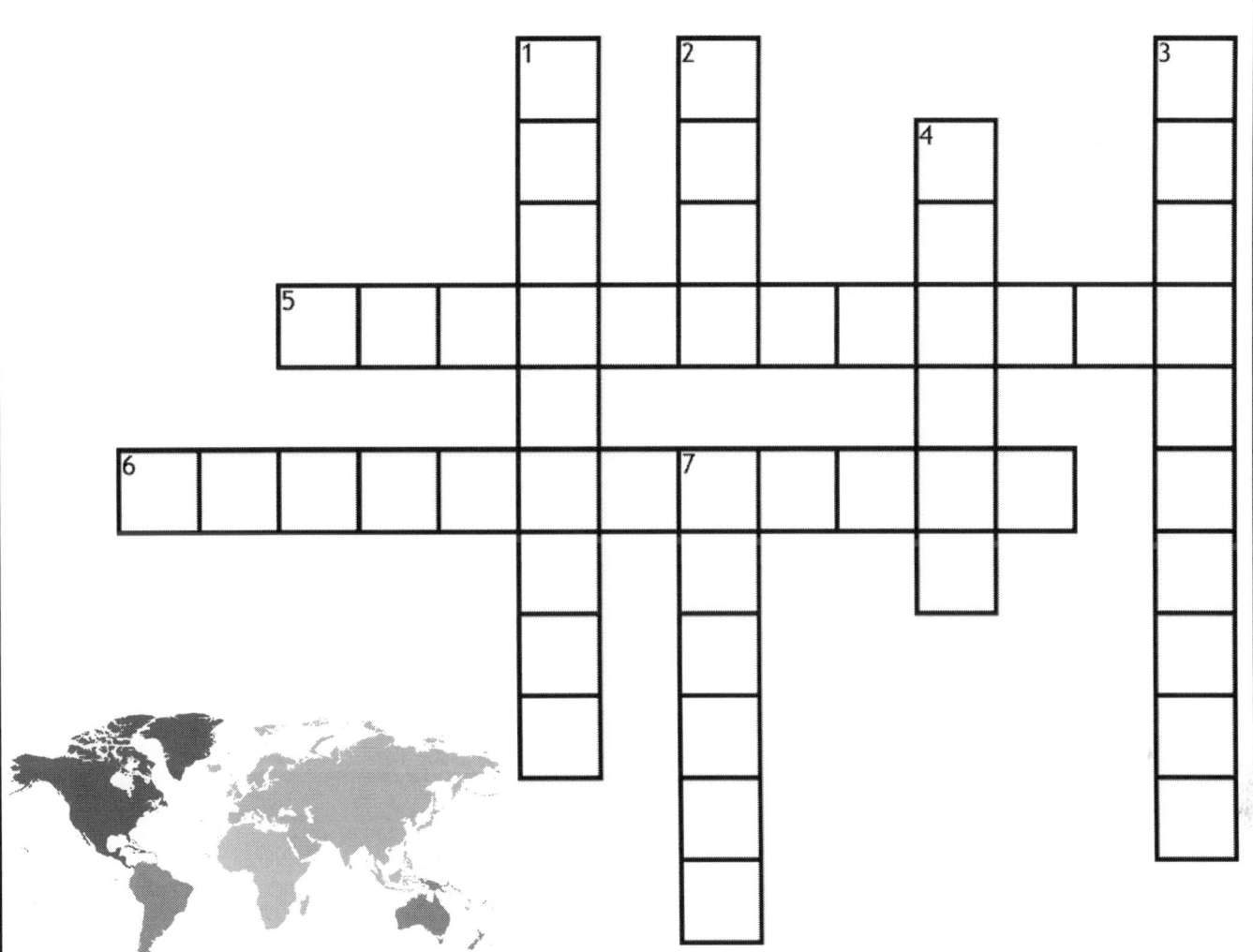

Across
5. The continent where you can find the Amazon Rainforest.
6. The continent that includes the Rocky Mountains.

Down
1. The smallest continent, often called the "Land Down Under."
2. The largest continent on Earth.
3. The continent known for its icy landscapes and penguins.
4. The continent that includes the Sahara Desert.
7. The continent that is often called the "Old World."

Outer Space Crossword Puzzle

Fill in the crossword puzzle with the correct word; use the numbers with the clues below.

Across
3. The celestial body that Earth orbits.
5. A cosmic event where a star explodes and becomes extremely bright.
7. The first region beyond Earth's atmosphere.

Down
1. A rocky or metallic object that orbits the Sun.
2. A celestial event where the moon passes between the Earth and the Sun.
4. The red planet often associated with potential for human colonization.
6. The spacecraft that carried humans to the Moon in 1969.

Landmarks Crossword Puzzle

Fill in the crossword puzzle with the correct word; use the numbers with the clues below.

Across
4. A famous monument in New York City with a torch that symbolizes freedom.
5. An iconic structure in Paris that is a symbol of love and romance.

Down
1. An ancient wonder located in Egypt with a colossal stone structure.
2. A breathtaking palace complex in India known for its stunning architecture.
3. An ancient Roman amphitheater in Italy known for its gladiator battles.

Aquatic Life Crossword Puzzle

Fill in the crossword puzzle with the correct word; use the numbers with the clues below.

Across

2. A colorful marine creature that often hides in coral reefs.
5. A large marine mammal known for its playful nature and intelligence.
6. A reptile that is well-adapted to living in both water and on land.

Down

1. A tiny, transparent organism that drifts in the ocean, often a food source for marine life.
3. A large, filter-feeding marine animal often associated with humpbacks.
4. A carnivorous fish known for its sharp teeth and fierce appearance.

Historical Figures Crossword Puzzle

Fill in the crossword puzzle with the correct word; use the numbers with the clues below.

Across

3. An ancient Chinese philosopher and writer of "The Art of War."
4. An Italian explorer who is credited with discovering America in 1492.
5. An Indian leader who played a key role in the country's struggle for independence.
6. An Egyptian queen known for her relationships with Julius Caesar and Mark Antony.

Down

1. An English playwright and poet known for works like "Romeo and Juliet."
2. The leader of the Soviet Union during the Cold War.

The Lost Treasure
Text Maze!

Find the sentence in the maze.

Text to find:

Embark on a quest to find the lost treasure.

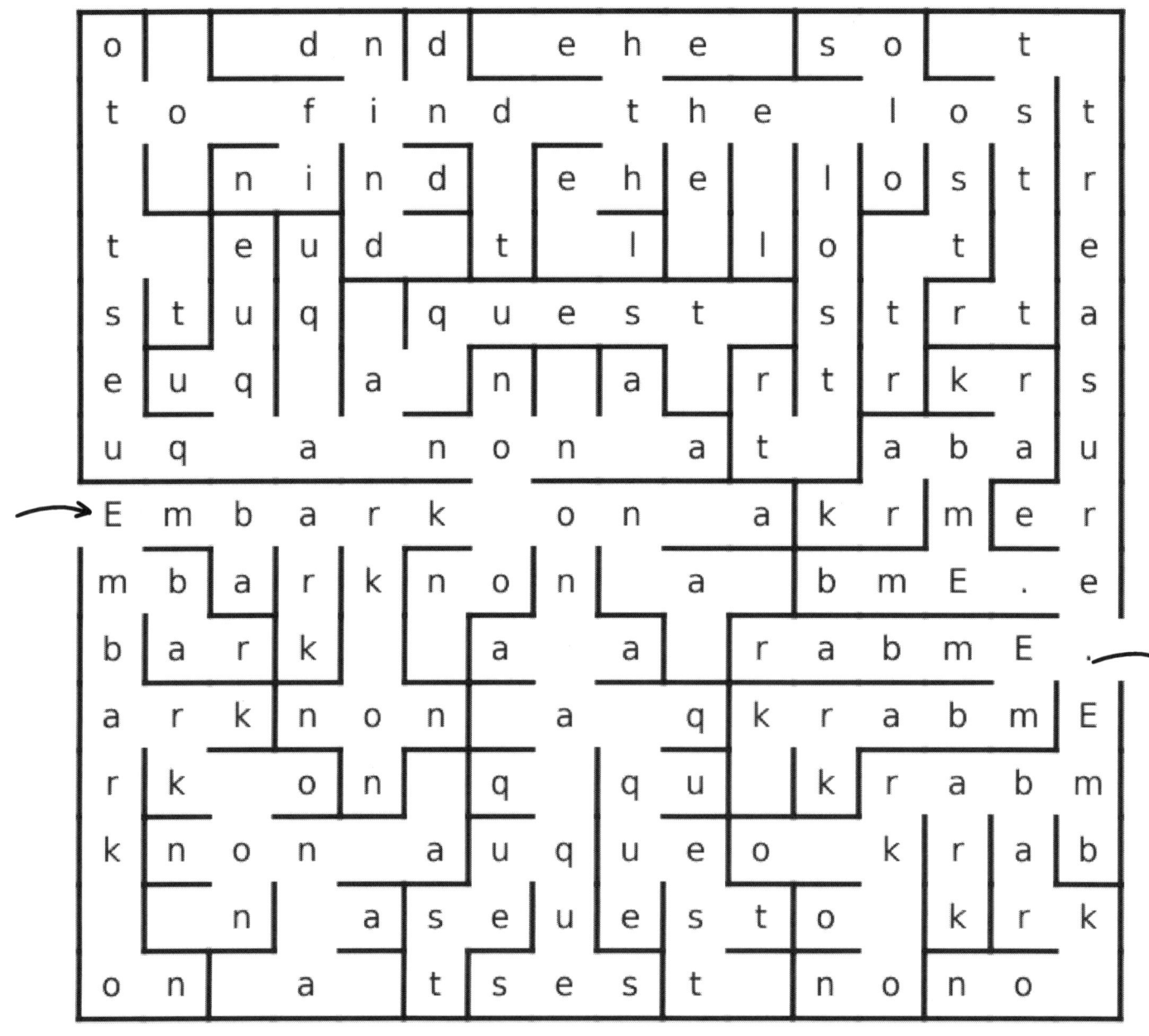

Space Adventure

Text Maze!

Find the sentence in the maze.

Text to find:

Let's meet aliens and exploring new planets!

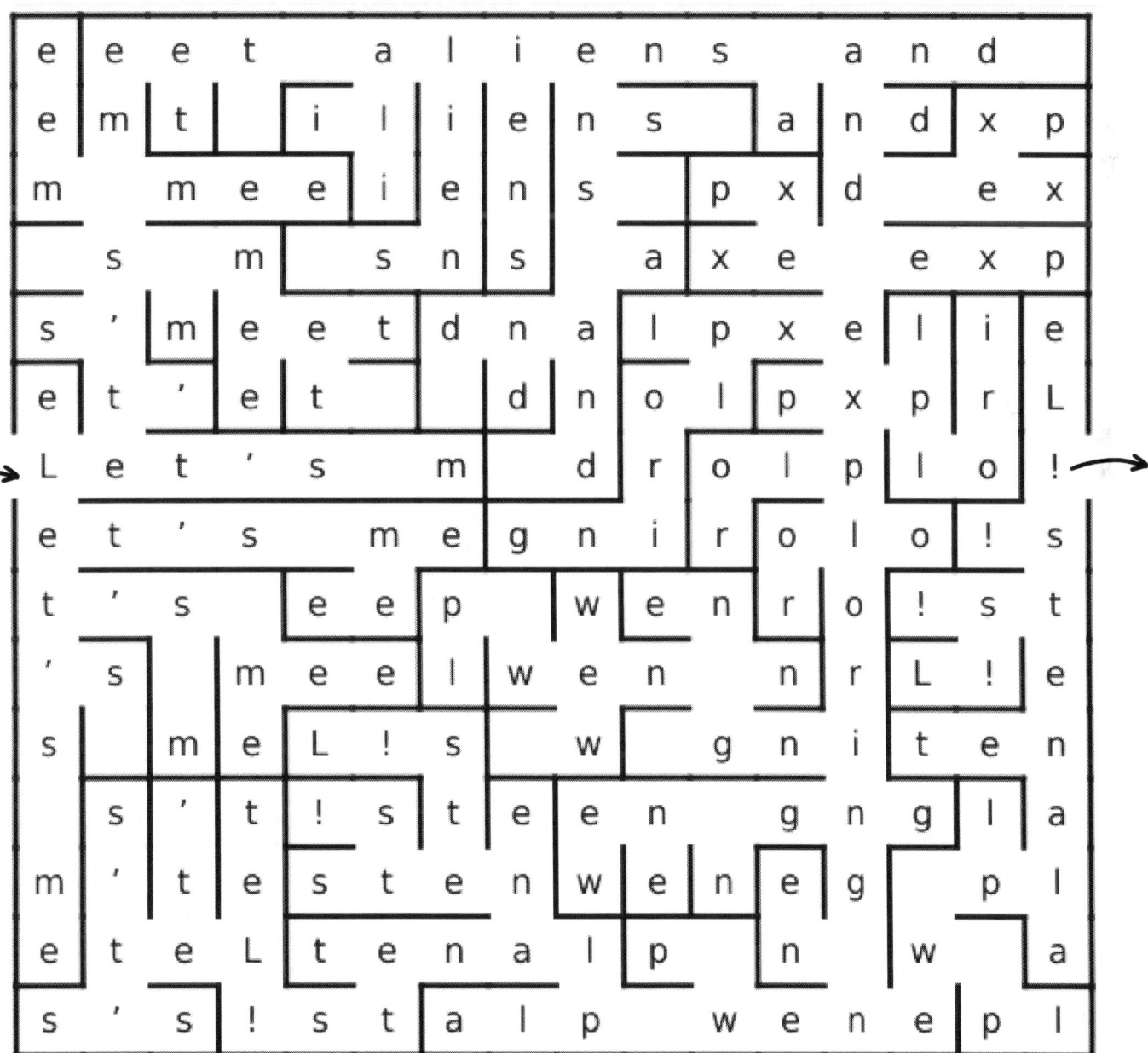

Dinosaur Expedition Text Maze!

Find the sentence in the maze.

Text to find:
Embark on a dinosaur expedition to see ancient giants.

Pirate's Map Text Maze!

Find the sentence in the maze.

Text to find:

Follow the pirate's map and dodge hidden traps.

Time Travel Quest
Text Maze!

Find the sentence in the maze.

Text to find:

Join the time travel quest to explore the past and future.

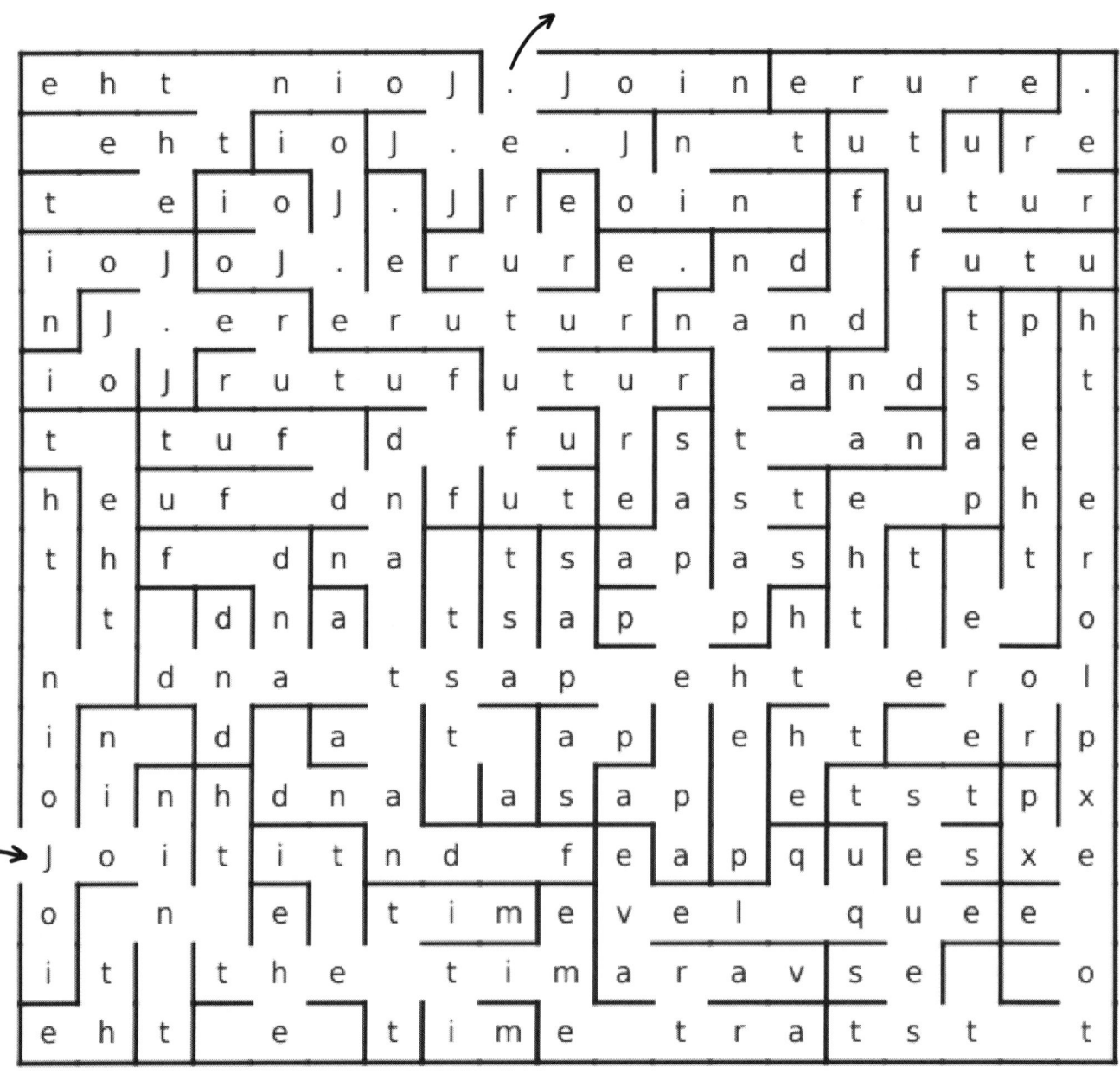

Ocean Creatures
Word Scramble

Can you unscramble the words below?

KRAHS _____

DOLNPHI _____

YFLJLIESH _____

AHRESHEO _____

SUCOTOP _____

EAMTAEN _____

IHSRATSF _____

AES ELTTUR _____

FIAESHLGN _____

QSUDI _____

Science and Religion Word Scramble

Can you unscramble the words below?

YREICOVDS _____

RERAPY _____

LOTNEIOUV _____

IRETXEPEMNT _____

XRLOEAPTINO _____

IFATH _____

TIRULA _____

NERLIGIO _____

CRUPSTIRES _____

UATPLRIITSIY _____

Wild Animals Word Scramble

Can you unscramble the words below?

OILN _____

HANTELPE _____

EIGTR _____

RAIFGFE _____

CEAHHET _____

EBRAZ _____

IHNOR _____

OAKRNAGOO _____

FLOW _____

GORILLA _____

Famous Scientists Word Scramble

Can you unscramble the words below?

NEITENS _____

NWETO _____

ILOEALG _____

IRADWN _____

UEICR _____

ESLAT _____

KINWGAH _____

AESTRPU _____

REPELKE _____

ICUSROPNOC _____

Mythical Beasts Word Scramble

Can you unscramble the words below?

RGANOD _____

FFINRIG _____

NOICORU _____

OHIENIPX _____

ACMHIRE _____

NKREAK _____

NETAURC _____

ROINAMTU _____

HSPHINX _____

SEGAPUS _____

Pet Adoption Logic Puzzles

Using the A,B,C,D,E (on the side) and the 1,2,3,4,5,6,7 (bottom), provide the correct coordinates for each pet. Hint: the first one is E1.

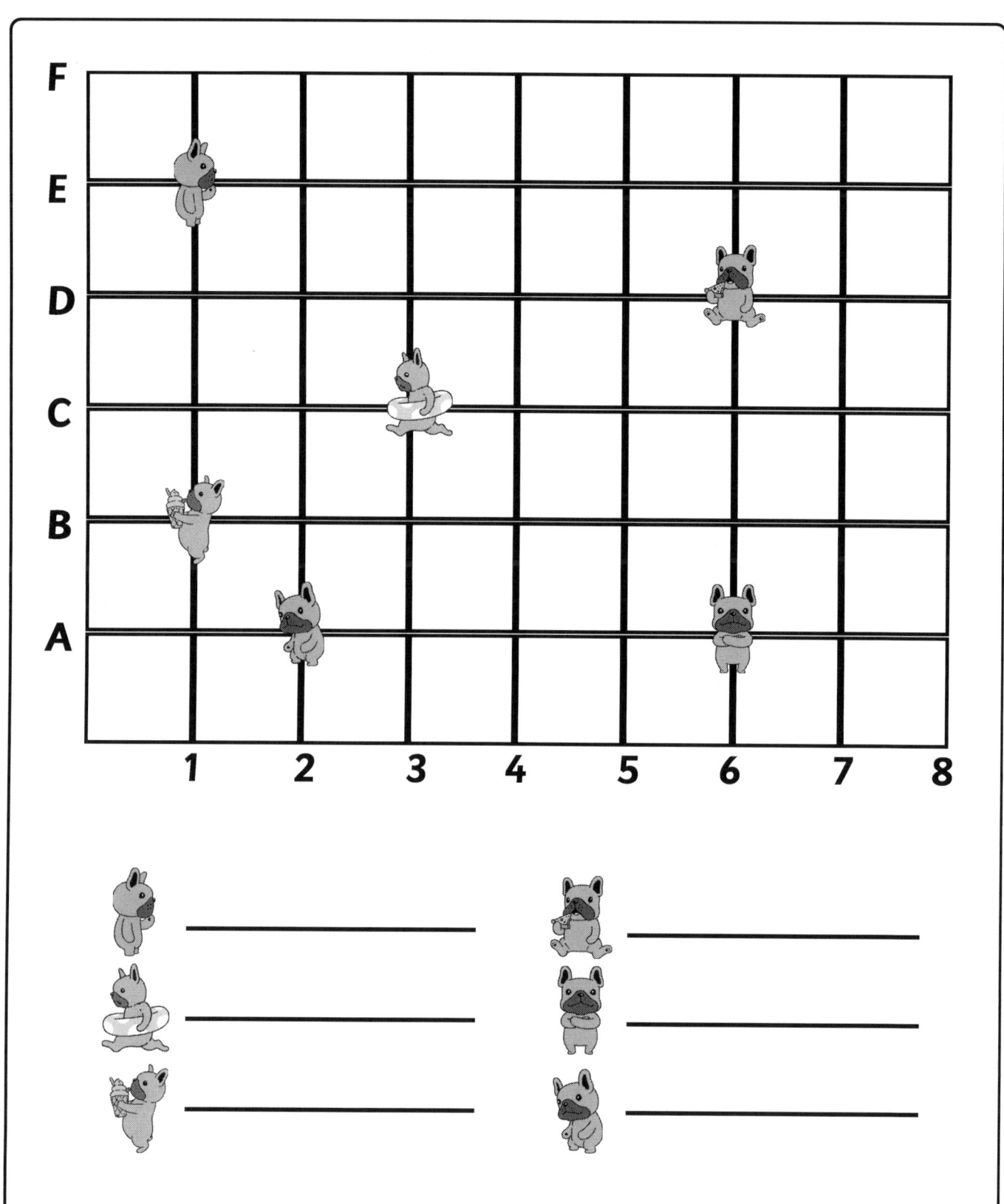

Birthday Party Logic Puzzles

Using the A,B,C,D,E (on the side) and the 1,2,3,4,5,6,7 (bottom), provide the correct coordinates for each birthday party hat. Hint: the first one is D1.

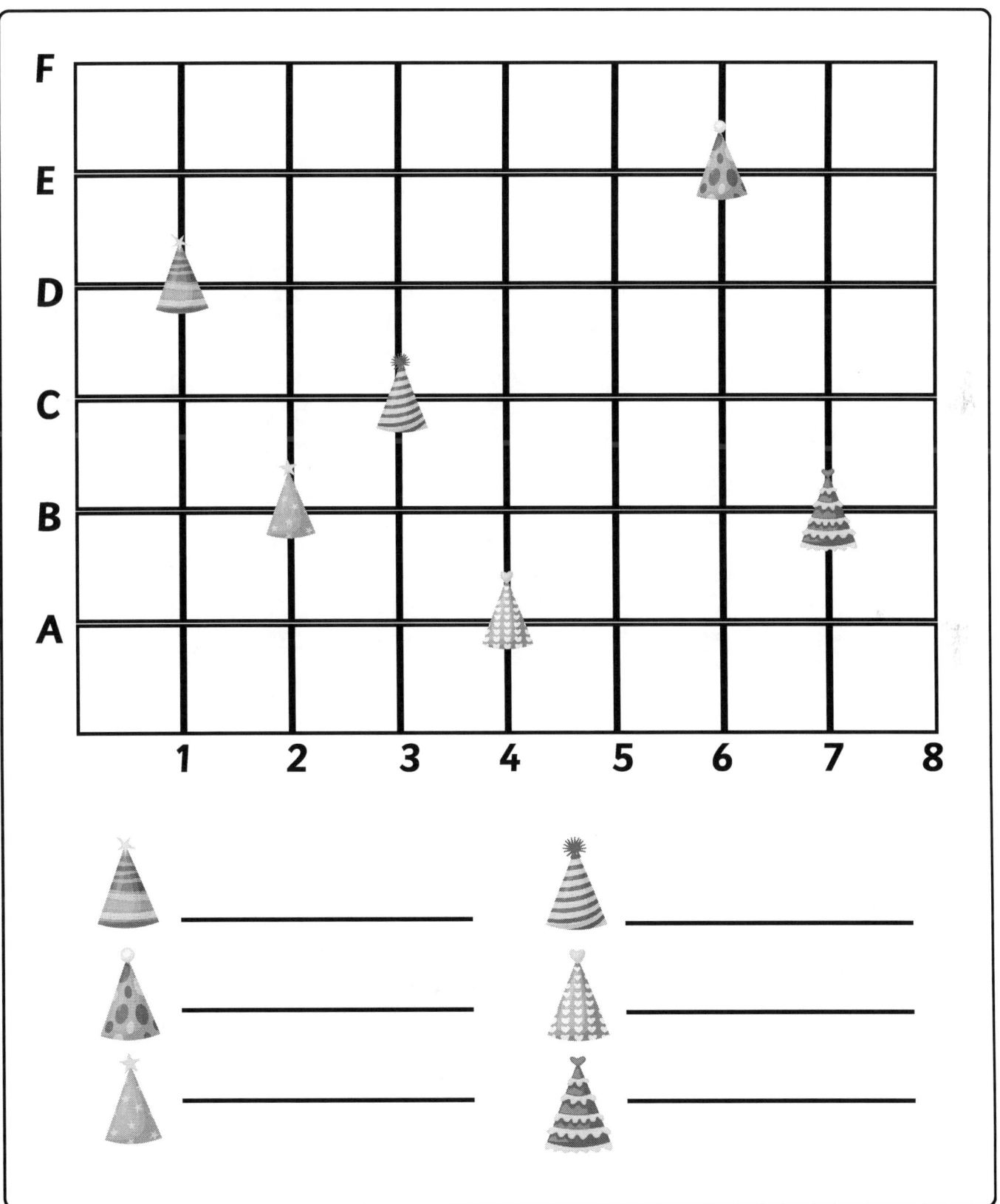

Treasure Hunt Logic Puzzles

Using the A,B,C,D,E (on the side) and the 1,2,3,4,5,6,7 (bottom), provide the correct coordinates for each treasure hunting kid. Hint: the first one is F8.

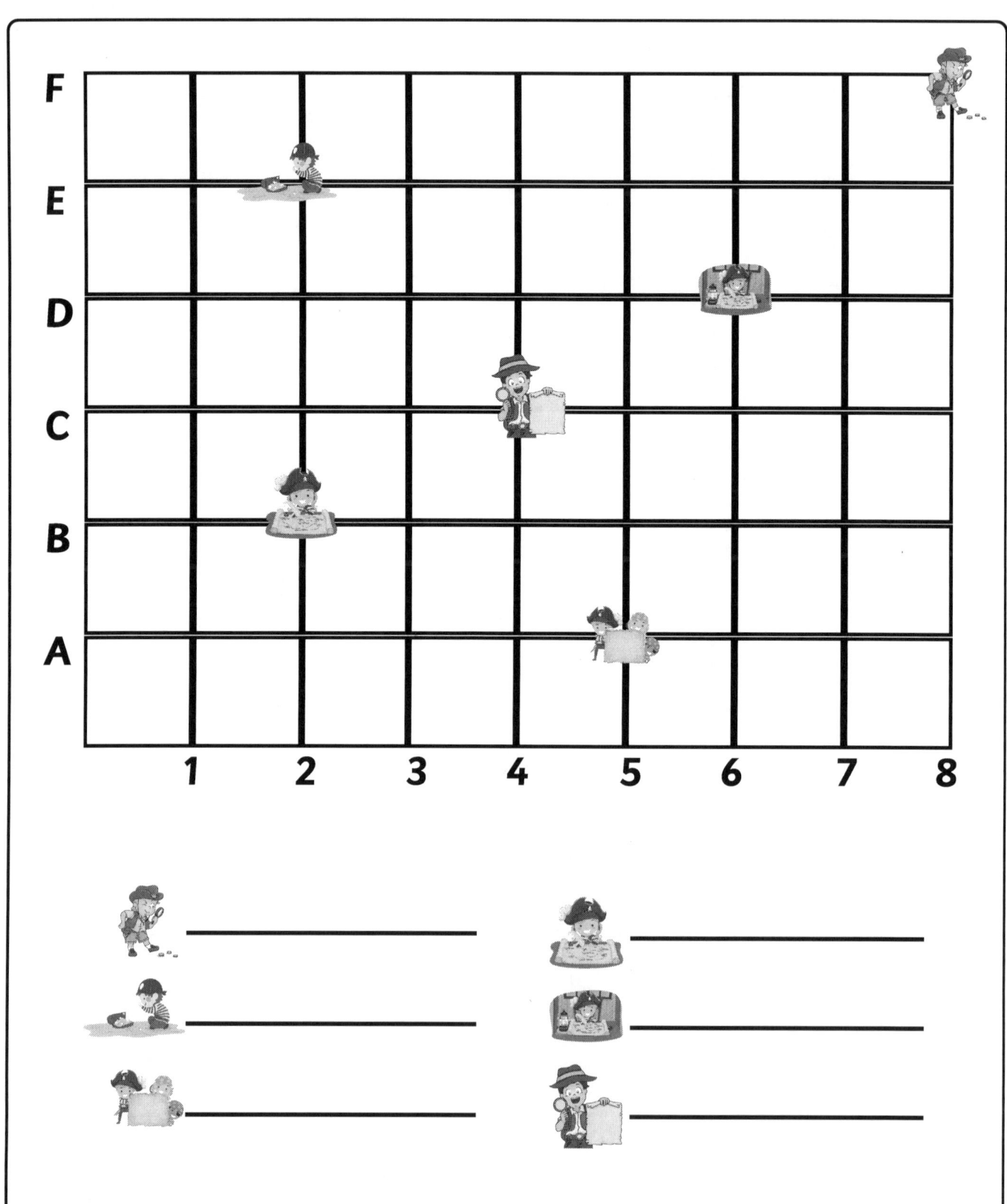

Mystery at the Zoo
Logic Puzzles

Using the A,B,C,D,E (on the side) and the 1,2,3,4,5,6,7 (bottom), provide the correct coordinates for each animal. Hint: the first one is C1.

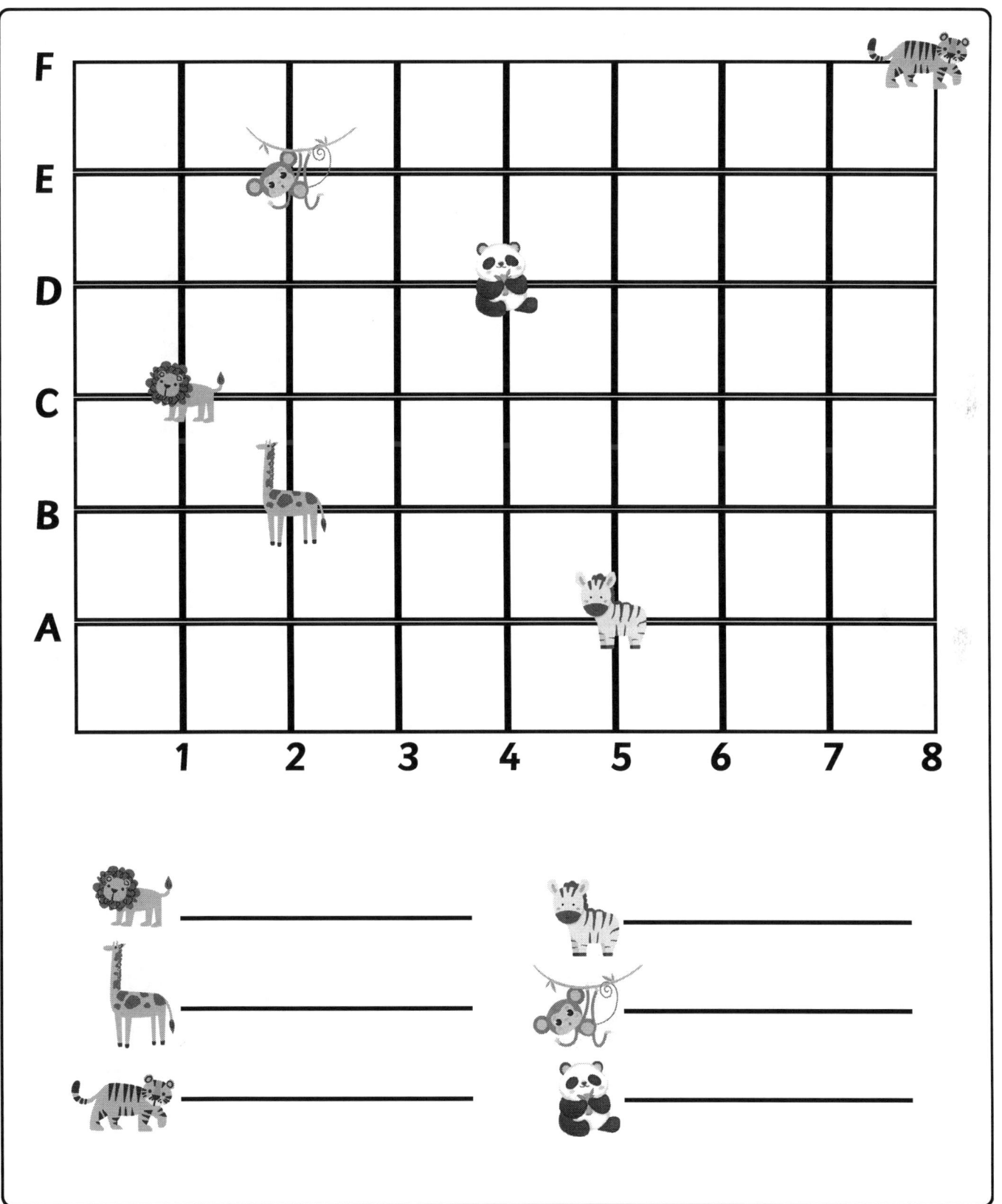

School Science Fair Logic Puzzles

Using the A,B,C,D,E (on the side) and the 1,2,3,4,5,6,7 (bottom), provide the correct coordinates for each lab instrument. Hint: the first one is A1.

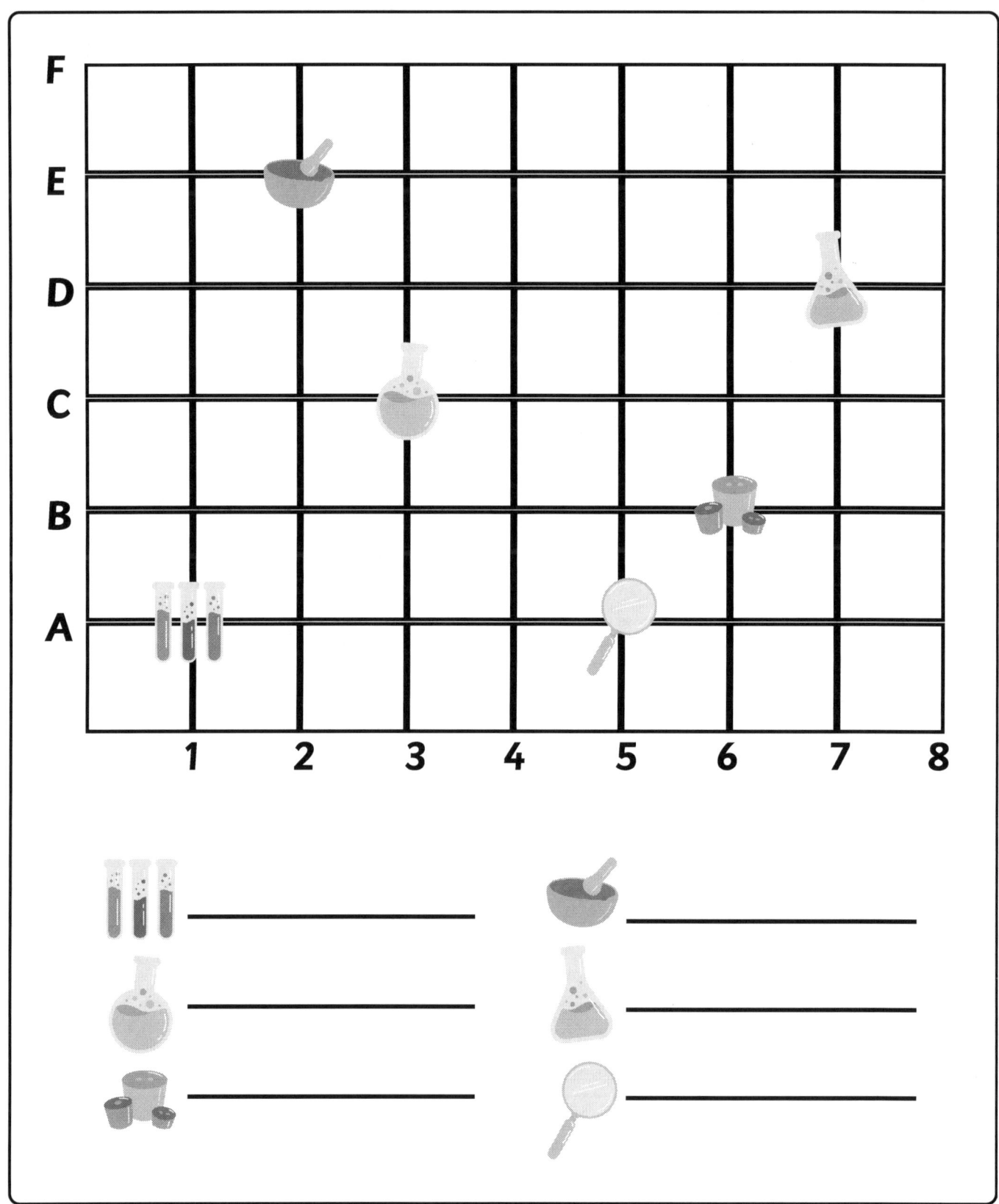

Animals
Picture Sudoku

Fill in the missing pictures to solve the sudoku puzzle.

Space Picture Sudoku

Fill in the missing pictures to solve the sudoku puzzle.

Birds
Picture Sudoku

Fill in the missing pictures to solve the sudoku puzzle.

Fantasy Picture Sudoku

Fill in the missing pictures to solve the sudoku puzzle.

Lifestyle

Picture Sudoku

Fill in the missing pictures to solve the sudoku puzzle.

Easy Number Sudoku

Fill in the missing pictures to solve the sudoku puzzle.

3			2
		3	4
4	1	2	3
		4	1

Easy
Number Sudoku

Fill in the missing pictures to solve the sudoku puzzle.

4			
	2		4
	3		1
1	4		

Medium

Number Sudoku

Fill in the missing pictures to solve the sudoku puzzle.

4	2	6	3	5	1
3		1			
6		2		4	5
1	4	5			
	6		5		4
5	1		2	6	3

Medium

Number Sudoku

Fill in the missing pictures to solve the sudoku puzzle.

		1	3	4	
3	4			1	
1	5				3
		2			
	2		5		
5				3	

Challenging Number Sudoku

Fill in the missing pictures to solve the sudoku puzzle.

5				1			6		
7	1				9			2	8
2	8				3	7	1		4
	6	7		5			9		
				8		4	5	1	6
	5	1			6				3
1		3					8	9	5
		5			4			3	
		8			5			6	

Corn
Dot to Dot

Connect the dots to complete the picture. Then color in to complete the activity.

Train
Dot to Dot

Connect the dots to complete the picture. Then color in to complete the activity.

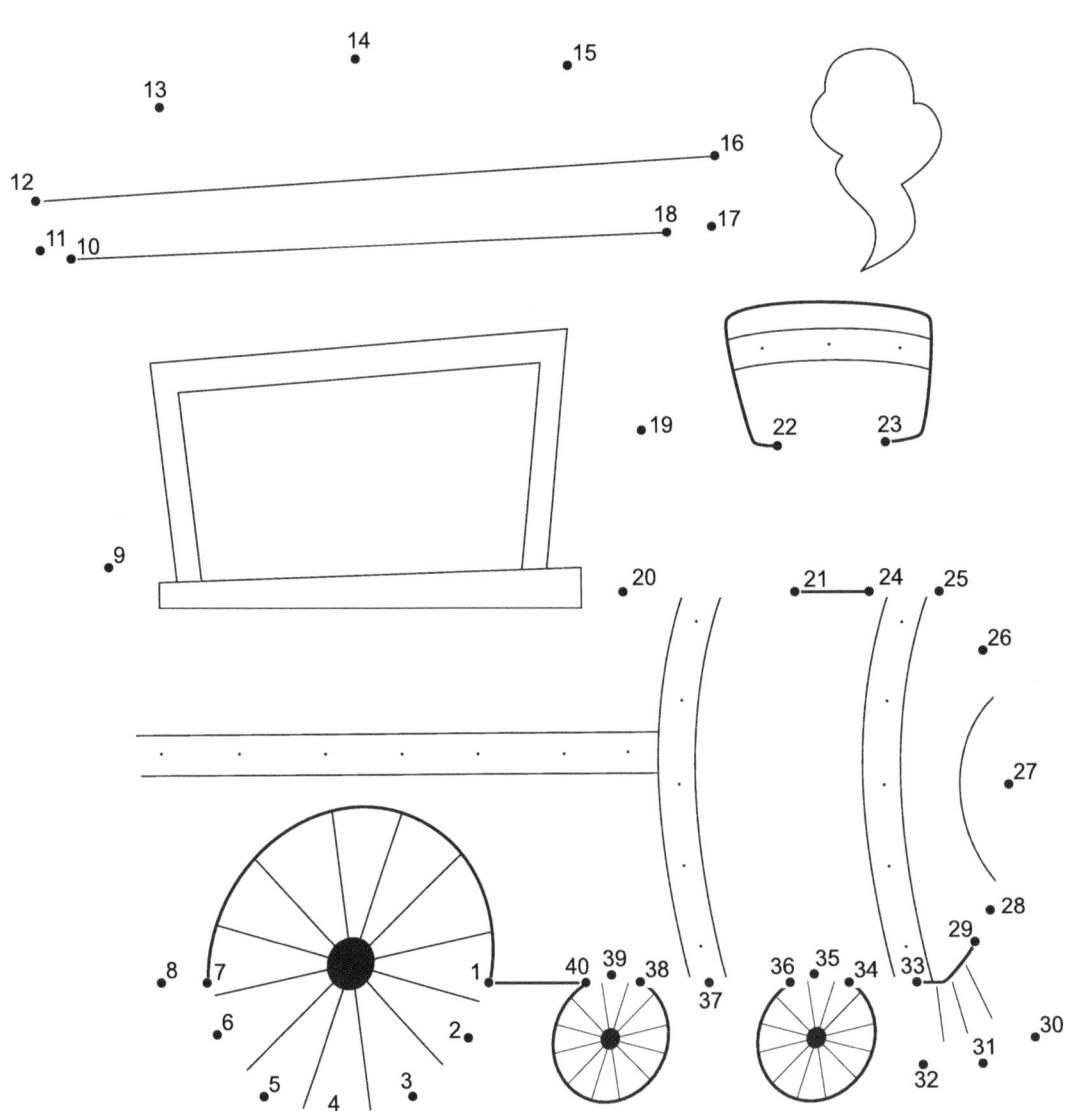

Plane
Dot to Dot

Connect the dots to complete the picture. Then color in to complete the activity.

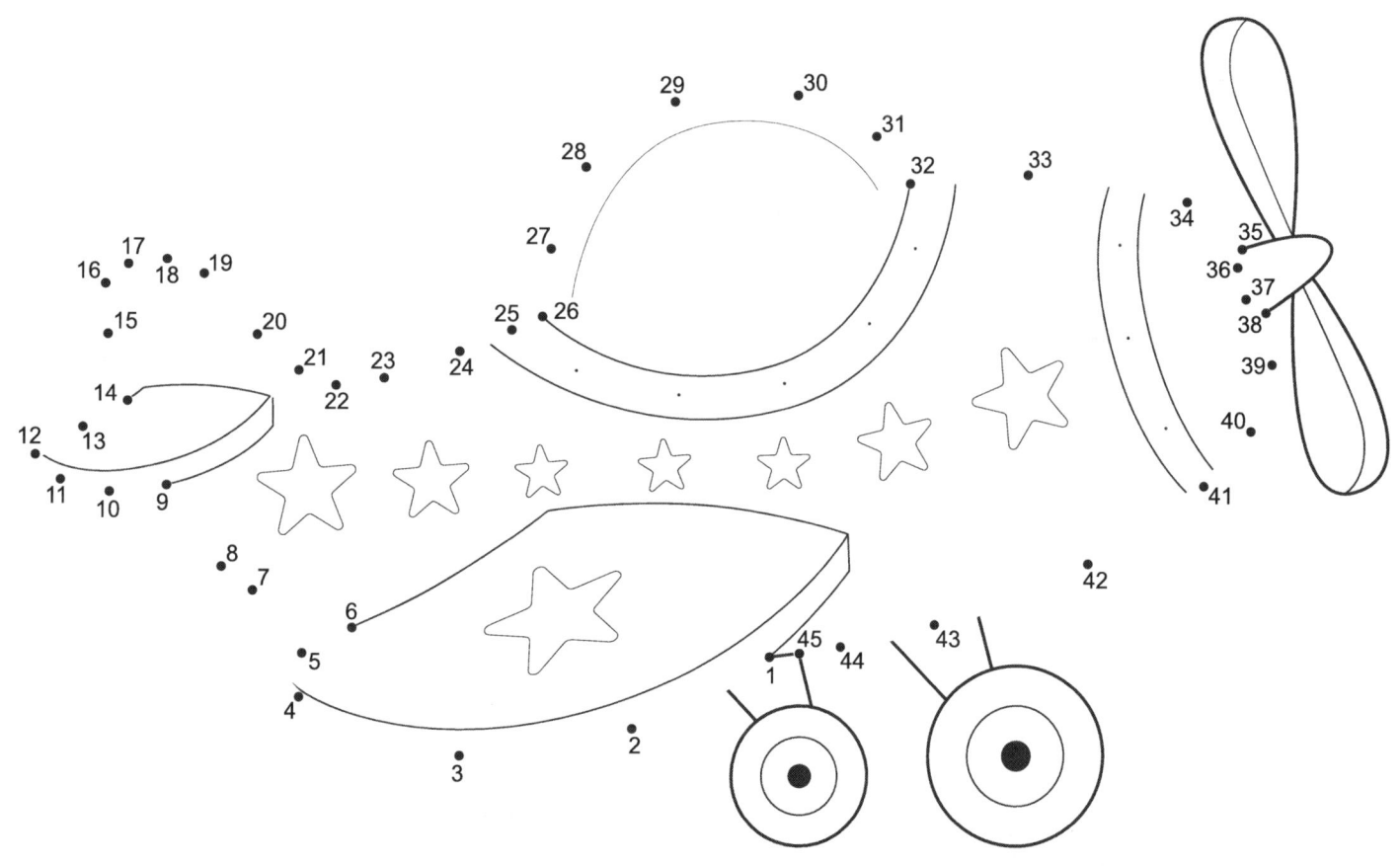

Tree
Dot to Dot

Connect the dots to complete the picture. Then color in to complete the activity.

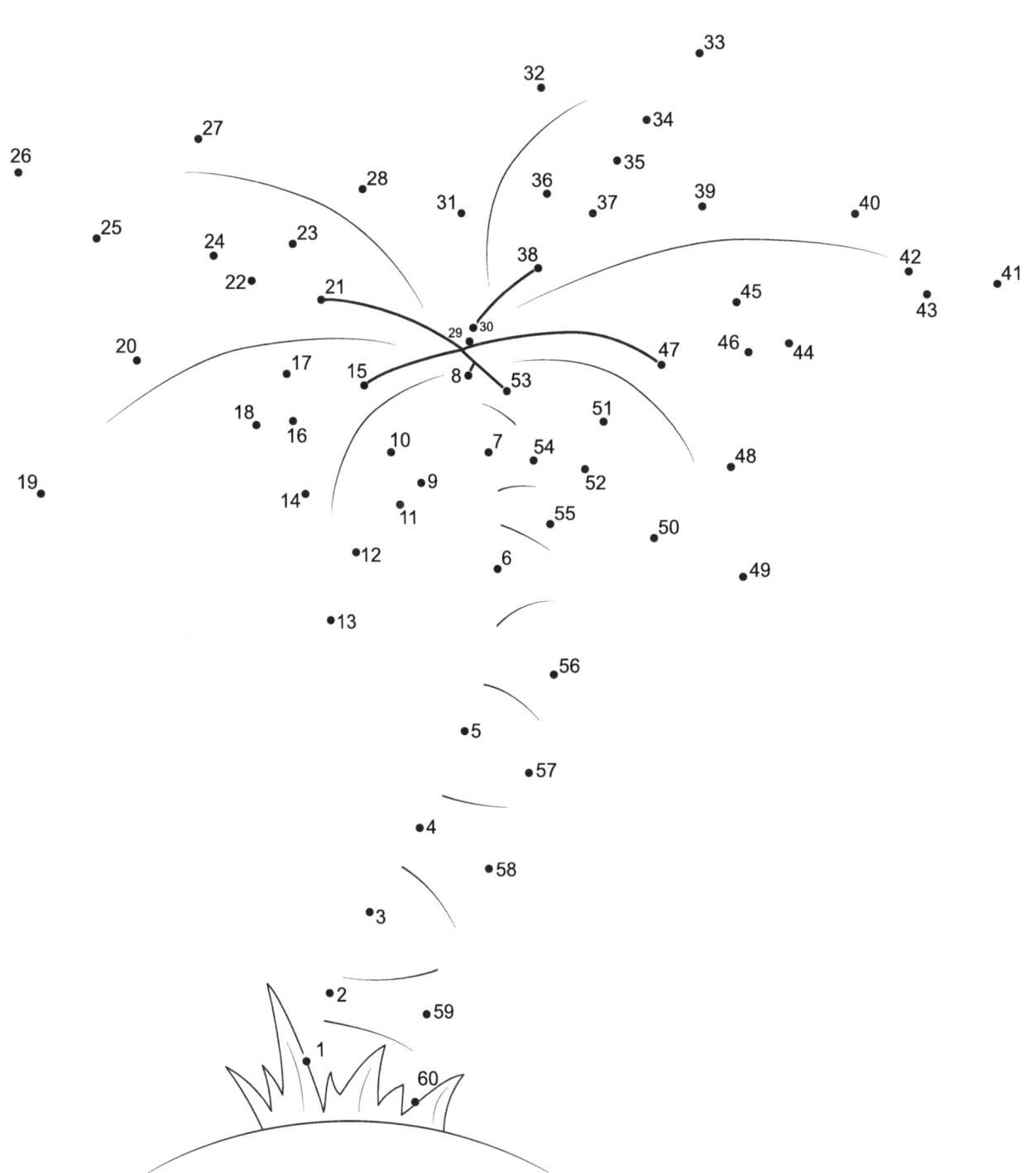

Giraffe
Dot to Dot

Connect the dots to complete the picture. Then color in to complete the activity.

Mushroom
Dot to Dot

Connect the dots to complete the picture. Then color in to complete the activity.

Cupcake
Dot to Dot

Connect the dots to complete the picture. Then color in to complete the activity.

Chick
Dot to Dot

Connect the dots to complete the picture. Then color in to complete the activity.

Rooster
Dot to Dot

Connect the dots to complete the picture. Then color in to complete the activity.

Reindeer
Dot to Dot

Connect the dots to complete the picture. Then color in to complete the activity.

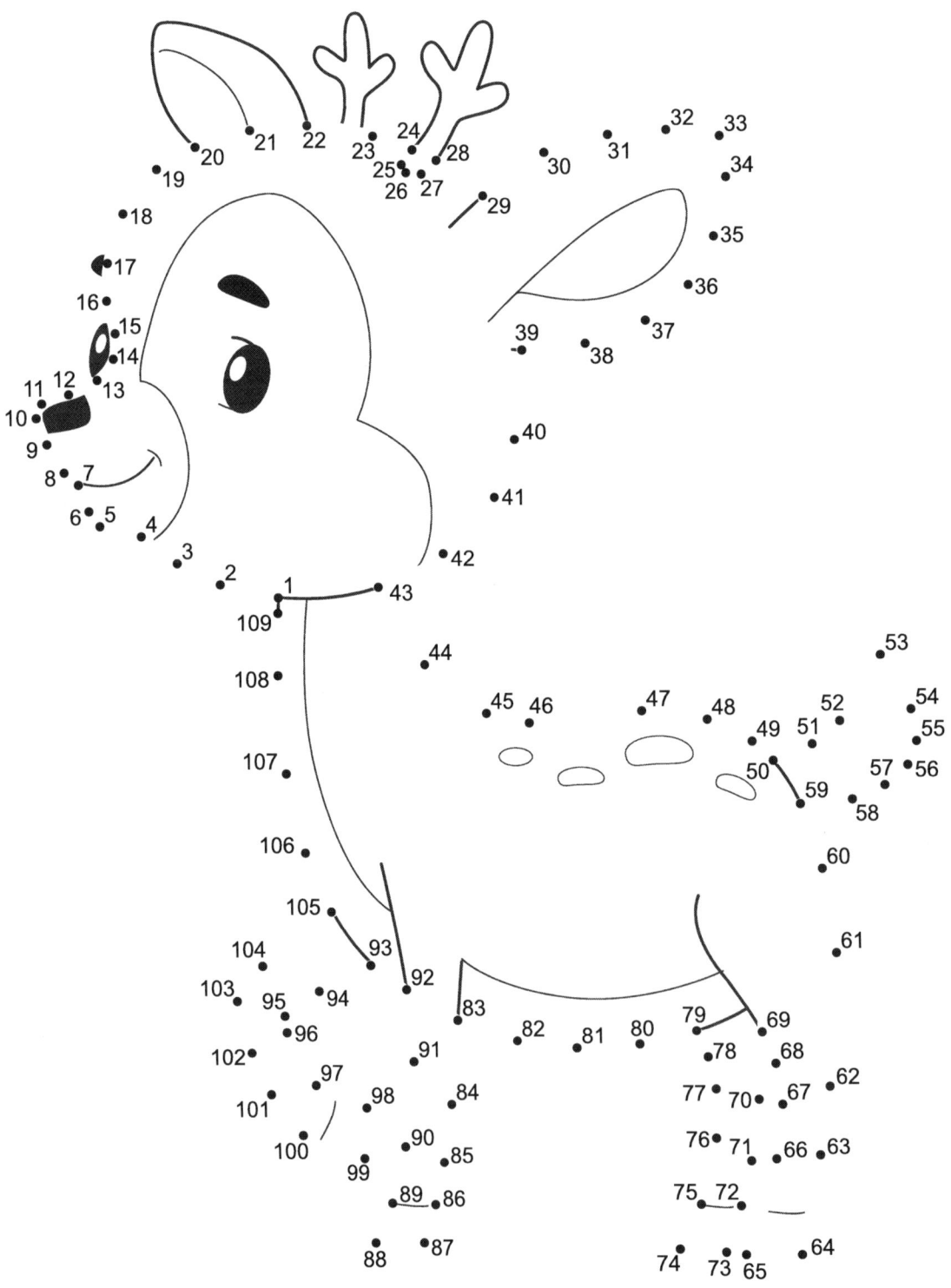

Cubes
Counting

How many cubes are there?
Let's count and write.

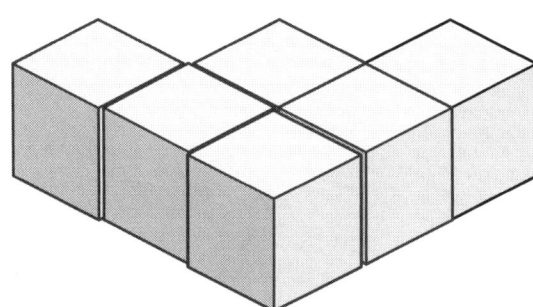

_____

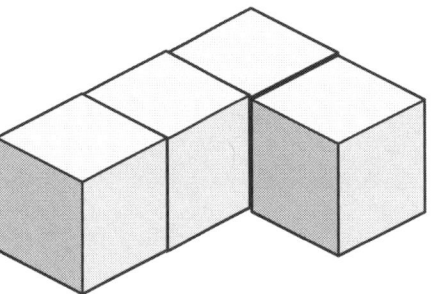

_____

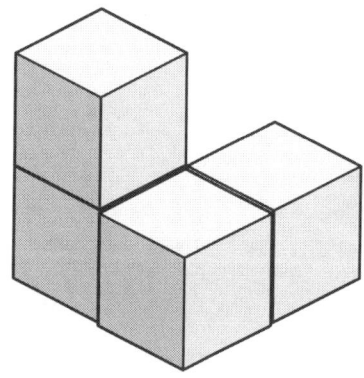

_____

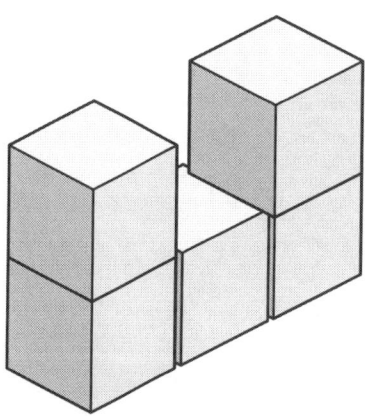

_____

Cubes
Counting

How many cubes are there?
Let's count and write.

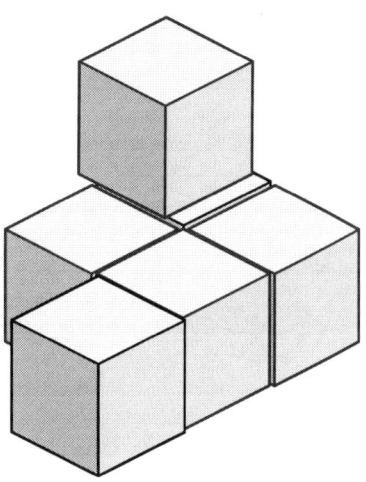

_____

_____

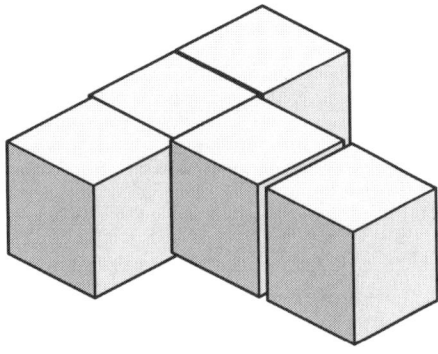

_____

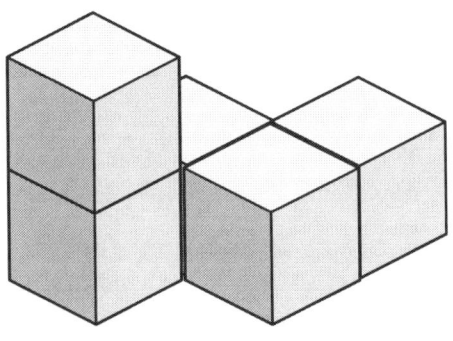

_____

Cubes
Counting

How many cubes are there?
Let's count and write.

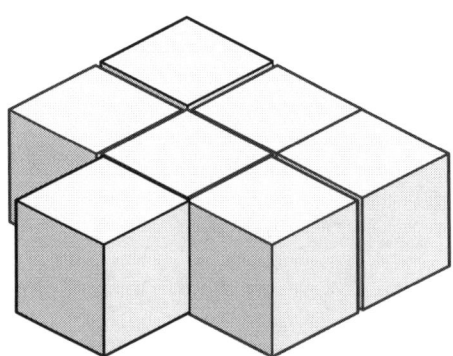

_____

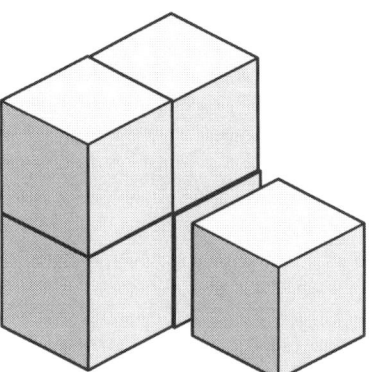

_____

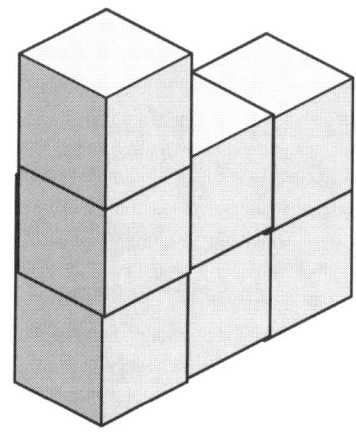

_____

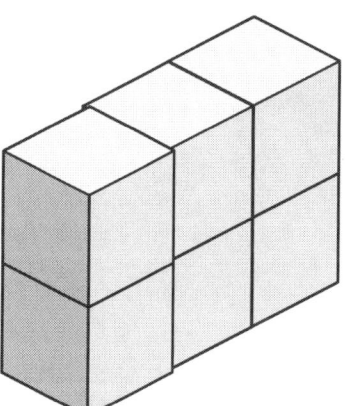

_____

Cubes
Counting

How many cubes are there?
Let's count and write.

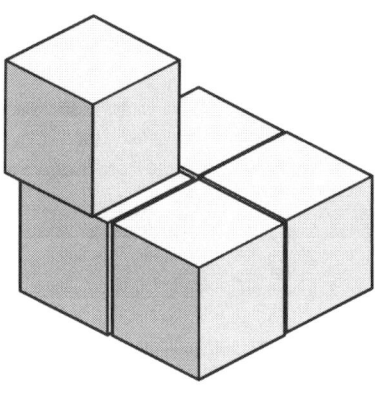

_____

_____

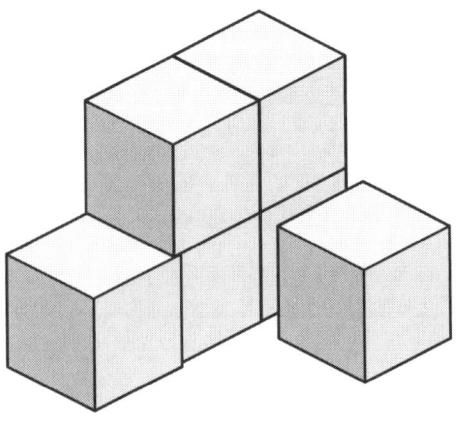

_____

_____

Cubes
Counting

How many cubes are there?
Let's count and write.

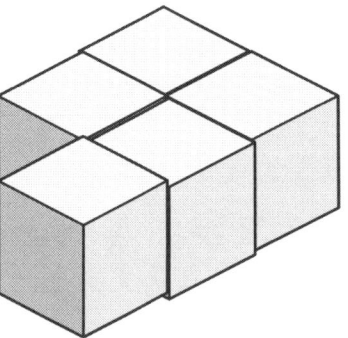

_____   _____

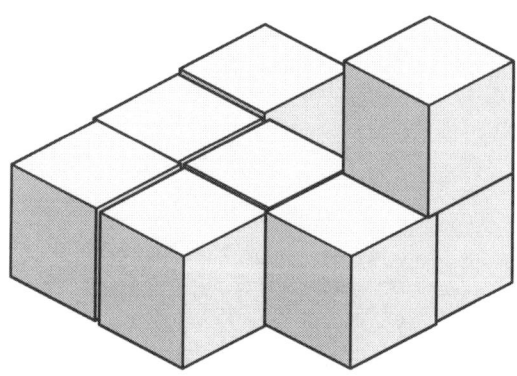

_____   _____

Cubes
Counting

How many cubes are there?
Let's count and write.

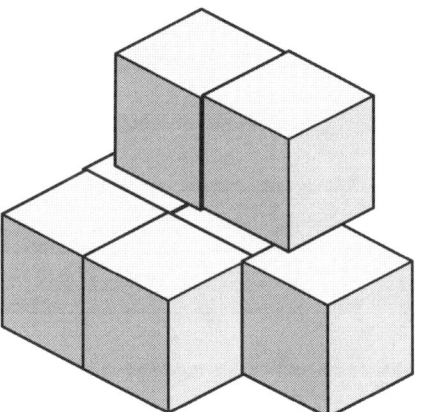

_____   _____

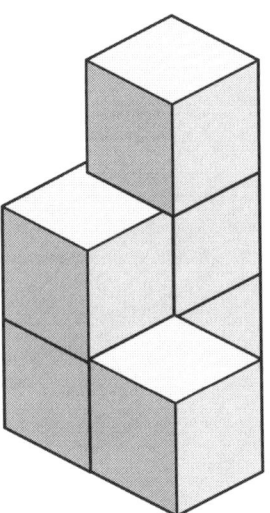

_____   _____

Cubes Counting

How many cubes are there?
Let's count and write.

_____

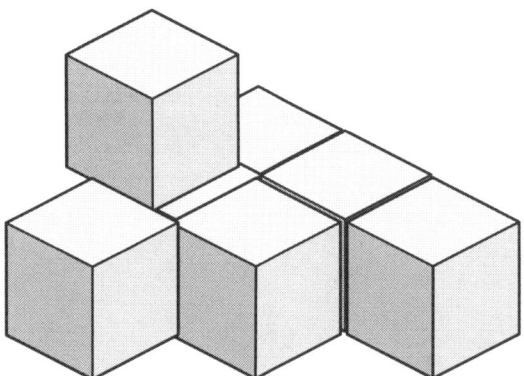

_____

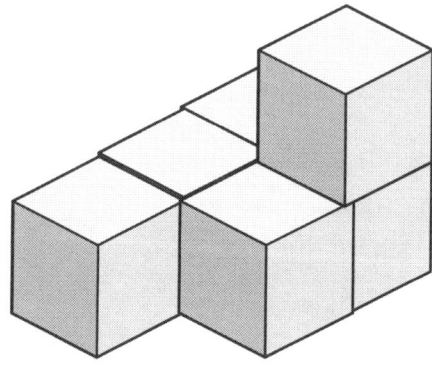

_____

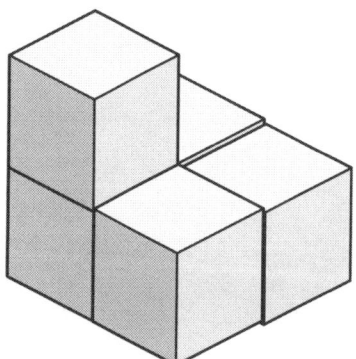

_____

Cubes
Counting

How many cubes are there?
Let's count and write.

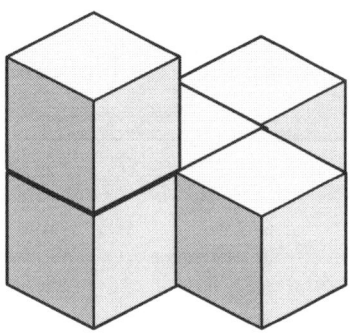

_____

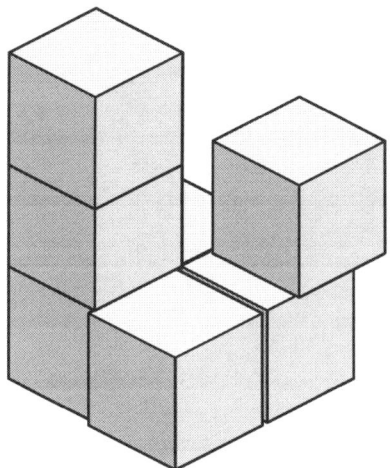

_____

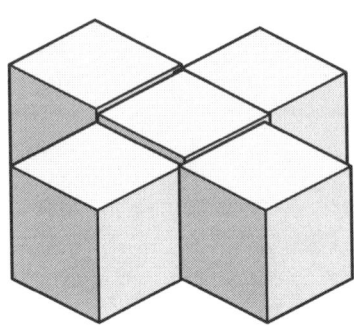

_____

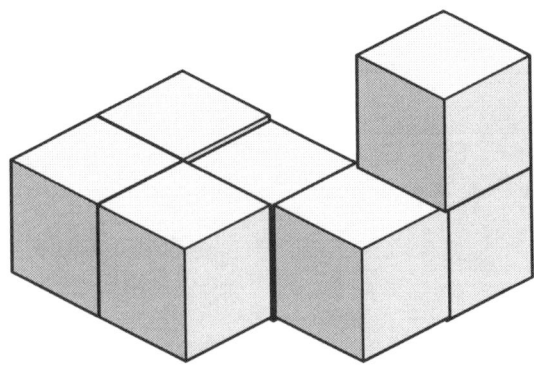

_____

Cubes
Counting

How many cubes are there?
Let's count and write.

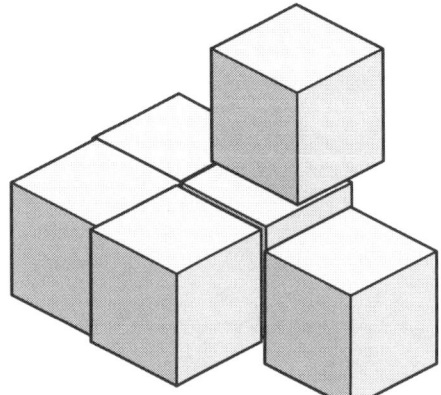

_____

_____

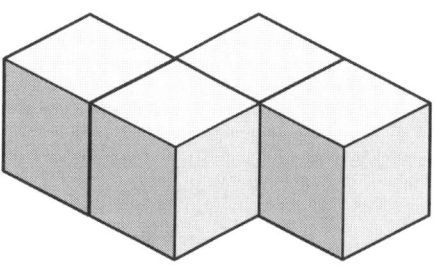

_____

_____

Cubes
Counting

How many cubes are there?
Let's count and write.

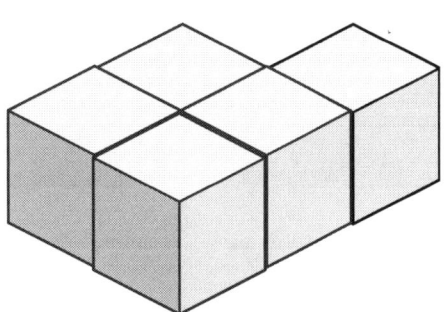

_____

_____

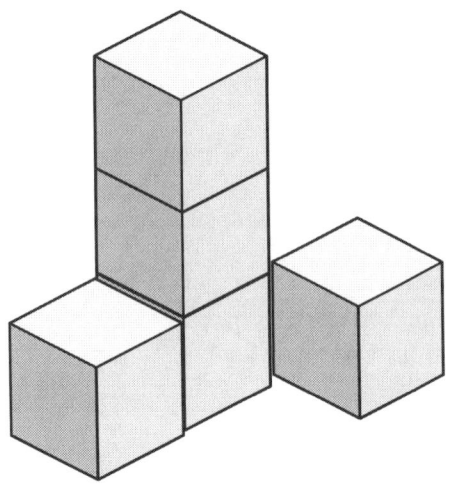

_____

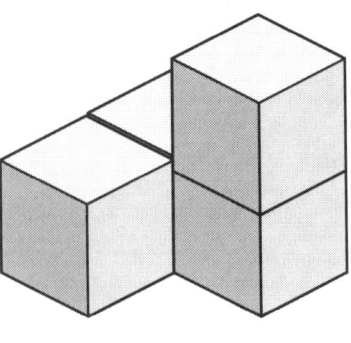

_____

Congratulations

Congratulations, brilliant young minds!

You did it! Completing "Kids Puzzle Activity Book: Captivating Challenges" is a remarkable achievement, showcasing your dedication, perseverance, and clever problem-solving skills. Each puzzle you conquered was like a stepping stone in your journey of learning and discovery.

We applaud your enthusiasm, and we're thrilled that you embraced the challenges within this activity book with such gusto. It's clear that your intelligence and curiosity shine brightly, and we can't wait to see where your inquisitive minds take you next.

Answer Key

Animals Word Search

Circle the hidden words in the puzzle below!

```
R M Y X L Y I V F Z B P S Q F U V O W E J X B I R
A R T S Y Z I W C M T C A C T U B Q W L F X L C Y
Q V X E M D E H R H I W T H Q L R I V Z O B M S E
F H U L B X T O P A G H I Y F I V M N L L N D N P
C R S O P E V L B Z E J Y M J H P D N W L O F W X
M P P F Z E I T F V R I D P N W L O F W X H C Z A
Z I V O I C W E P T G W V S M B Z N Z U R K B T C
L Y R R I C O F U L N H E R P O T N H S W P O F Q
V R C W E P T G W V S M B Z N Z U R K B T C I K W
W R F Q U D U I L G W E S G Q F C W D O T N H S W
J F C Z K O W A O W N H E R P O T N H S W P O F Q
T N F K O Z O I K X G R H Q K W Y I X B E N Z B A
R H N O A E L E P H A N T A E Y Y F O K O X G T O
K D T F L K C X B V L Q A F B H P K T O H C X A N
K C U D A Y E T W O F W B C G S F E Q P Z R F A Y
J T A R M A D I L L O T H V E K A E T Y O A Q X H
X R E T K M Z R S R Z B R F Y A H N A P Y I J S J
X J Y A L L I G A T O R L F Y L J Q J H I H A C I
S N W V M K A N G A R O O I S U M A B R H G O W
A L R C T F A W X I J O N P M Z E B R A P K F Z S
```

WORD BANK

ELEPHANT	KOALA	CHIMPANZEE
TIGER	CHEETAH	ZEBRA
GIRAFFE	GORILLA	ALLIGATOR
PENGUIN	KANGAROO	ARMADILLO

Sports Word Search

Circle the hidden words in the puzzle below!

```
T F Y B A D M I N T O N K M G S O C C E R Q P Q
V S N Y J O A E P T A G J Y D Q K C D R R Q M Z U
F C Z Z Y D U W L A B B Z Y S A B H A N Y R I D
C X V Z N X H X W I A M Y C S S P U T W E H U Q P O
N I K L T O F G P W A G O T O P E J N X D O D U
L S O G H L S X Z S K K X H P W B D T N U O D E K F
A P Y D I G R V C L W P C O W H T O V B S M D Q C N T
Q L Q B D F K J R M F E H T R S B Y X L F Q Y U P
F X A O N Y K L H Y R N L S N N O V X L T N J O W G
P K L I V O O T K I F P W P O S G J J O W F S Y C
U P L E M Q G W B C Y N Z T X D M O Q K I H Z D E
O D E N K B U L L S N N O V X L T N J O W F S Y C
Y D L E U C H O R I A Y Y R M I L O P N Q G W P B
M V N M Y D Z J G V D X C H Q U I T W T F X J A T G
V A P J G Q P E R B K V S Q T N O N T D T X I O F
H S Y E E B T P H H Y Z A X V T G R H F B B B F K
```

WORD BANK

SOCCER	VOLLEYBALL	GOLF
BASKETBALL	SWIMMING	HOCKEY
TENNIS	GYMNASTICS	BADMINTON
BASEBALL	CYCLING	RUGBY

Answer Key

Food Word Search

Circle the hidden words in the puzzle below!

```
N Q S J N Z G Y P L Q V Y A Y I V D B M W W I D
S Y O O N T A V W W J C D M I S Z S Q M P I M G H
U S A N D W I C H U Y D H M H C E W X Q U G F Q N
U I L J M D F A C I M L U X K E P Z A W Y D J A O
F D F G Q P Z I D E J V S Y N Z N D W Z R H U P L B
C B U P J Q Y K U B X F O K I Q M H W O X B X J G
H U M W Q Y K O P X V W W L O L Q W R U N E J Q Y
D C X W K D C I M A P X I R L R Y C F C N P B V S
J B H P X N E H K Z N U C Z E P G O H T V A P Q Y P
R W Q C I A V F F O O N K P C X F X W H R E O F X
D P M S Z O J J N E N T U R H F T V A B S O W F C
S N T H G K P X K G A F E M Y O Z D K A E T T P E
U P O M E X A R Y E A F R A A B L A P O Q G R G A
S F N U K T E M L L W G B X Y L O S U R V G V N I
E V M I X S G S G T R W T D C R E W P W U R I G D C H
M G A V Z O D V E J R T L P E W Y U R T E Z U B
W J S U S H I S A N D A H D B B D B T Z N Z N U R I
O P F G V U X I M P M G N G O T A C S Z N U R I
```

WORD BANK

HAMBURGER	SANDWICH	CUPCAKE
PANCAKE	PINEAPPLE	SALAD
SPAGHETTI	SUSHI	GRAPES
POPCORN	CARROT	CHEESE

Transportation Word Search

Circle the hidden words in the puzzle below!

```
N U B E F J X E O D S Q H J O T R A I N U I P X U
H N J H Z Q L H A A K E K U N L Y E F G R S G L
I M F G G H F J C I Z A P T A I R C L F P C X X O
V U E Q D A E H P G V B C Y M T Y U D L M P K
C N E B A C N G K F W L L P P A V E E T O W R U N E J O Y
V C R K T H S B T V C N G H P G M B G K K x
E B Q E H N S I U Q P P J B Z C Y N Z Y W W M
N C V W Z R Y D E I N E T O W R U N E J Q Y
T L U G E A X Y W J K W R X Y U E H M S Y T G I M
D E I W V S S U B M A R I N E O A I R P L A N E
O R R U H Q I I A W X C W V E A O E D V B E H G
A B O A T O S I R M R B D A X R T K V A A A V O A
Q P V R C L F T S M M W A R J U K T A X I C N B W
R O V G B I R G G X R X E Q R E S C O O T E R D M
Z Q X N N I R D I M Z C T C R T X K T G D V I S Q
```

WORD BANK

CAR	BOAT	SUBMARINE
BUS	HELICOPTER	SKATEBOARD
BICYCLE	MOTORCYCLE	TAXI
TRAIN	AIRPLANE	SCOOTER

Answer Key

Nature Word Search

Circle the hidden words in the puzzle below!

WORD BANK

FOREST	FLOWER	RAINFOREST
RIVER	SUNSET	LAKE
MOUNTAIN	BUTTERFLY	DESERT
OCEAN	CLOUD	WATERFALL

Science Word Search

Circle the hidden words in the puzzle below!

WORD BANK

BIOLOGY	MICROSCOPE	ATOM
CHEMISTRY	TELESCOPE	MOLECULE
PHYSICS	MAGNETISM	DNA
EXPERIMENT	GRAVITY	SOLAR SYSTEM

Answer Key

Around the Globe Word Search

Circle the hidden words in the puzzle below!

WORD BANK

CONTINENT	KANGAROO	PENGUIN
SAFARI	TAJ MAHAL	SERENGETI
EIFFEL TOWER	POLAR BEAR	MACHU PICCHU
PYRAMIDS	GREAT WALL	AURORA

Fantasy Creatures Word Search

Circle the hidden words in the puzzle below!

WORD BANK

PHOENIX	TROLL	PEGASUS
YETI	KRAKEN	NYMPH
GOBLIN	BASILISK	MINOTAUR
FAIRY	CHIMERA	HARPY

Answer Key

Weather and Seasons Word Search

Circle the hidden words in the puzzle below!

WORD BANK

THUNDER	FOG	SUMMER
RAINBOW	BLIZZARD	WINTER
HAIL	AUTUMN	MONSOON
TORNADO	SPRING	HURRICANE

Outer Space Word Search

Circle the hidden words in the puzzle below!

WORD BANK

PLANET	ASTEROID	SPACESHIP
STAR	NEBULA	SATELLITE
GALAXY	METEOR	BLACK HOLE
COMET	ASTRONAUT	UFO

Answer Key

Tech and Science Crossword Puzzle

Fill in the crossword puzzle with the correct word; use the numbers with the clues below.

		²B	Y	T	E
	³J	U	P	I	T	E	R
			⁴O	H	M
⁶H	Y	D	R	O	G	E	N
				⁵	

Across
2. A unit of digital information storage.
3. The largest planet in our solar system.
4. A unit of electrical resistance.
6. A chemical element with the symbol 'H' and atomic number 1.

Down
1. The fundamental particle that carries an electric charge.
5. A celestial body that orbits a planet.

Friends and Family Crossword Puzzle

Fill in the crossword puzzle with the correct word; use the numbers with the clues below.

³F R I E N D S   ¹G
    N   R
⁵M O T H E R   ⁴F A T H E R
O   B   A
R   ⁶N I E C E
S   E

Across
3. The buddies you choose!
5. A woman in relation to her child or children.
6. Your sibling's daughter.

Down
1. They are old and tell you fascinating bedtime stories
2. The friendly people who live nearby
4. A man in relation to his child or children.

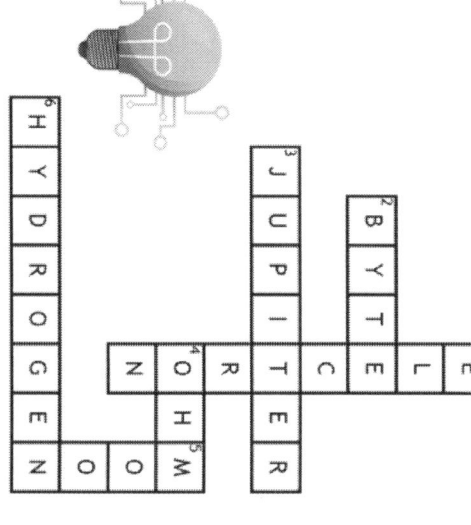

Answer Key

Lifestyle Crossword Puzzle

Fill in the crossword puzzle with the correct word; use the numbers with the clues below.

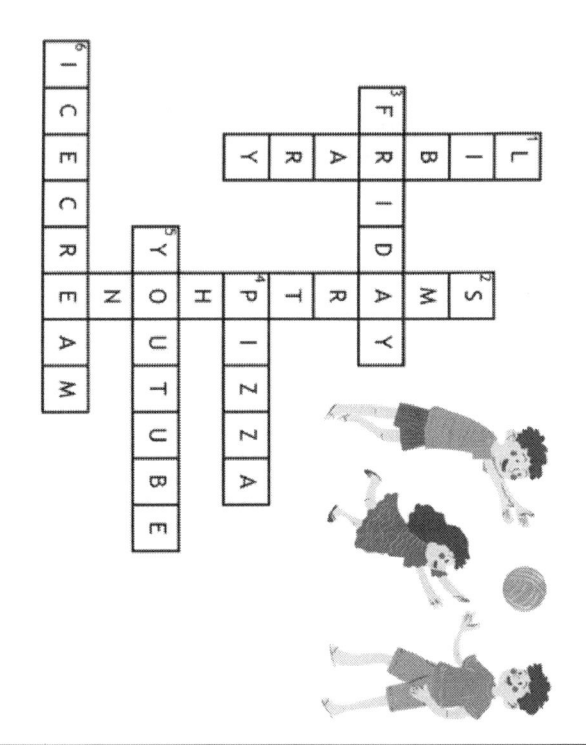

Crossword grid answers:
- FRIDAY
- PIZZA
- YOUTUBE
- ICECREAM
- LIBRARY
- SM (IPAD related)

Across
3. The day of the week when school typically ends early.
4. A delicious, cheesy Italian dish often enjoyed for dinner.
5. A popular video-sharing platform.
6. A sweet, frozen treat that comes in various flavors.

Down
1. A place where you can borrow books to read.
2. A popular handheld device used for playing games and apps.

Hobbies Crossword Puzzle

Fill in the crossword puzzle with the correct word; use the numbers with the clues below.

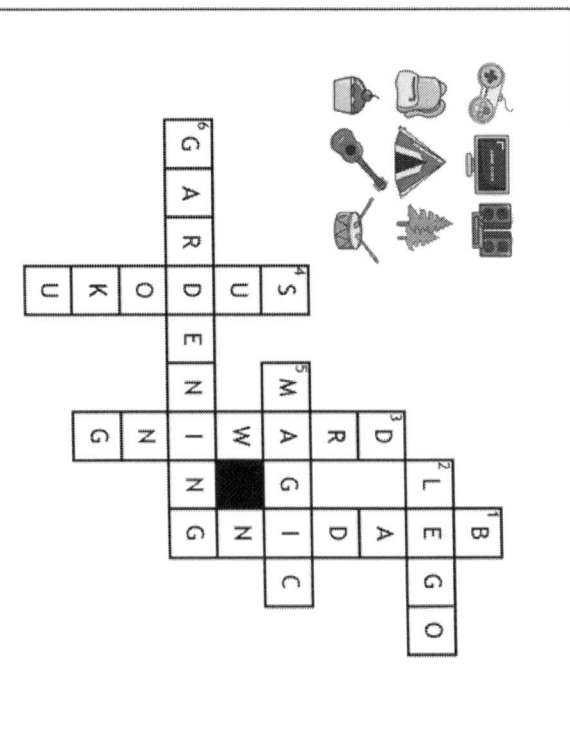

Crossword grid answers:
- LEGO
- GARDENING
- MAGIC
- SUDOKU
- BEADING

Across
2. An activity where you can build structures with colorful plastic bricks.
5. A hobby that allows you to learn and perform tricks.
6. The process of taking care of plants in the ground.

Down
1. A hobby that allows you to create jewelry with beads and strings.
3. A hobby that involves creating art with colored pencils, markers, and paper.
4. A hobby that involves solving puzzles with missing numbers in a grid.

Answer Key

Seasons and Weather
Crossword Puzzle

Fill in the crossword puzzle with the correct word; use the numbers with the clues below.

```
        T
        H
        U
    S   N O W
    D
    E
H U R R I C A N E
    S         U
  A U T U M N
        O   M
        S P R I N G
            M
```

Across
3. The white, frozen precipitation that falls from the sky in winter.
4. A natural disaster with strong winds and heavy rain.
5. The season when leaves change color and fall from trees.
6. The season known for blossoming flowers and warmer temperatures.

Down
1. A weather phenomenon with flashes of light and loud thunder.
2. The season with the longest daylight hours and warm weather.

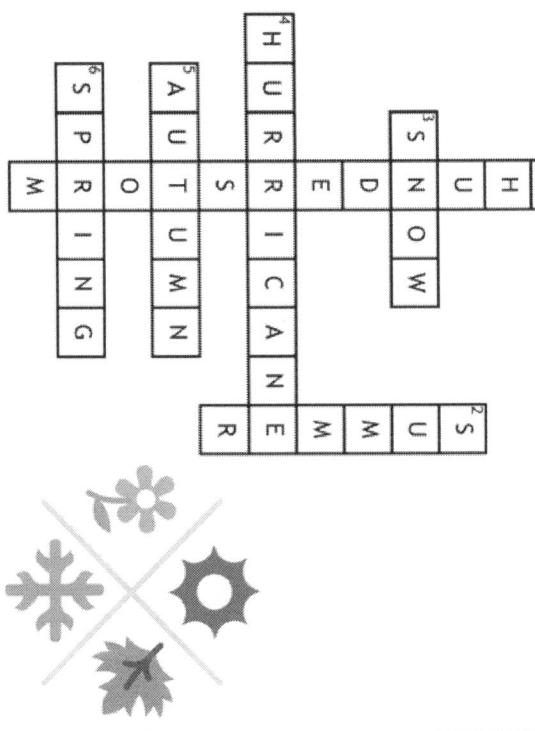

Continent
Crossword Puzzle

Fill in the crossword puzzle with the correct word; use the numbers with the clues below.

```
        A
        U
    S   S I A
    O   
  S O U T H A M E R I C A
    R     A   F       C
    N     L   R       T
    O R T H A M E R I C A
    A     I   C       C
    M     A   A       A
    E         
    R         
    I         
    C         
    A         
```

Across
5. The continent where you can find the Amazon Rainforest.
6. The continent that includes the Rocky Mountains.

Down
1. The smallest continent, often called the "Land Down Under."
2. The largest continent on Earth.
3. The continent known for its icy landscapes and penguins.
4. The continent that includes the Sahara Desert.
7. The continent that is often called the "Old World."

Answer Key

Outer Space Crossword Puzzle

Fill in the crossword puzzle with the correct word; use the numbers with the clues below.

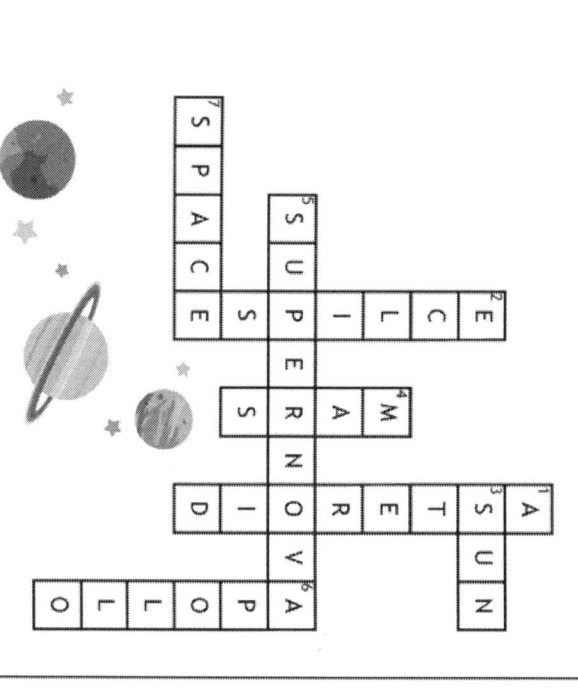

Across
3. The celestial body that Earth orbits.
5. A cosmic event where a star explodes and becomes extremely bright.
7. The first region beyond Earth's atmosphere.

Down
1. A rocky or metallic object that orbits the Sun.
2. A celestial event where the moon passes between the Earth and the Sun.
4. The red planet often associated with potential for human colonization.
6. The spacecraft that carried humans to the Moon in 1969.

Crossword answers:
- 1 Down: ECLIPSE
- 2 Down: ASTEROID
- 3 Across: SUN
- 4 Down: MARS
- 5 Across: SUPERNOVA
- 6 Down: APOLLO
- 7 Across: SPACE

Landmarks Crossword Puzzle

Fill in the crossword puzzle with the correct word; use the numbers with the clues below.

Across
4. A famous monument in New York City with a torch that symbolizes freedom.
5. An iconic structure in Paris that is a symbol of love and romance.

Down
1. An ancient wonder located in Egypt with a colossal stone structure.
2. A breathtaking palace complex in India known for its stunning architecture.
3. An ancient Roman amphitheater in Italy known for its gladiator battles.

Crossword answers:
- 1 Down: PYRAMIDS OF GIZA
- 2 Down: TAJ MAHAL
- 3 Down: COLOSSEUM
- 4 Across: STATUE OF LIBERTY
- 5 Across: EIFFEL TOWER

Answer Key

Aquatic Life Crossword Puzzle

Fill in the crossword puzzle with the correct word; use the numbers with the clues below.

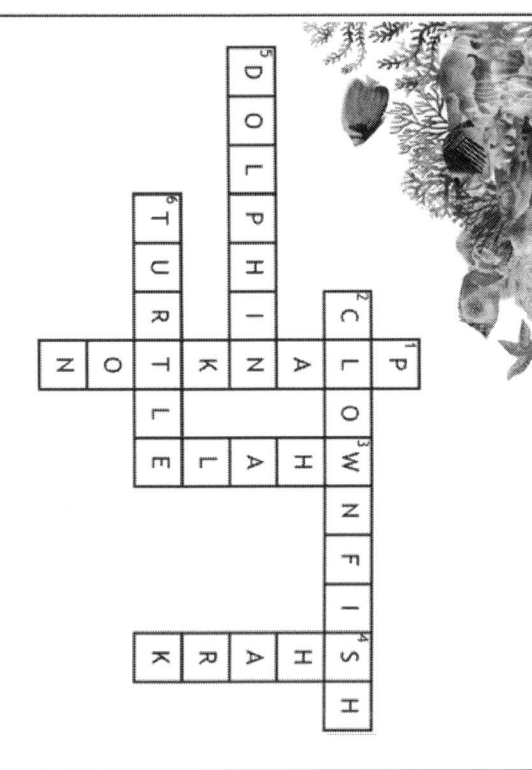

Across
2. A colorful marine creature that often hides in coral reefs.
5. A large marine mammal known for its playful nature and intelligence.
6. A reptile that is well-adapted to living in both water and on land.

Down
1. A tiny, transparent organism that drifts in the ocean, often a food source for marine life.
3. A large, filter-feeding marine animal often associated with humpbacks.
4. A carnivorous fish known for its sharp teeth and fierce appearance.

Historical Figures Crossword Puzzle

Fill in the crossword puzzle with the correct word; use the numbers with the clues below.

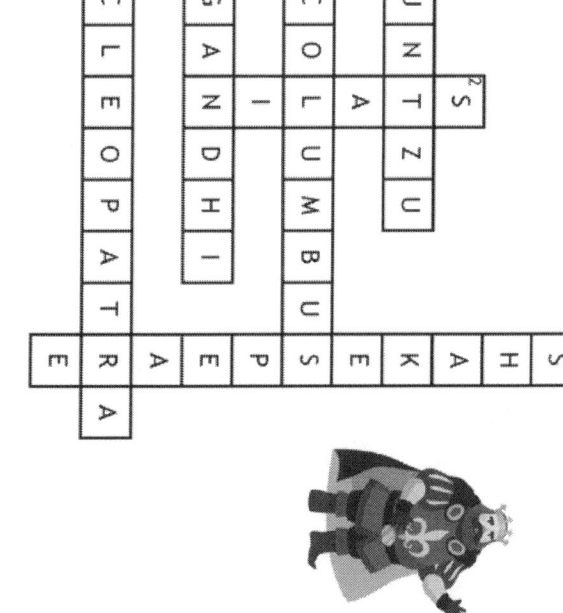

Across
3. An ancient Chinese philosopher and writer of "The Art of War."
4. An Italian explorer who is credited with discovering America in 1492.
5. An Indian leader who played a key role in the country's struggle for independence.
6. An Egyptian queen known for her relationships with Julius Caesar and Mark Antony.

Down
1. An English playwright and poet known for works like "Romeo and Juliet."
2. The leader of the Soviet Union during the Cold War.

Answer Key

Ocean Creatures Word Scramble

Can you unscramble the words below?

KRAHS	SHARK
DOLNPHI	DOLPHIN
YFLJLIESH	JELLYFISH
AHRESHEO	SEAHORSE
SUCOTOP	OCTOPUS
EAMTAEN	MANATEE
IHSRATSF	STARFISH
AES ELTTUR	SEA TURTLE
FIAESHLGN	ANGELFISH
QSUDI	SQUID

Science and Religion Word Scramble

Can you unscramble the words below?

YREICOVDS	DISCOVERY
RERAPY	PRAYER
LOTNEIOUV	EVOLUTION
IRETXEPEMNT	EXPERIMENT
XRLOEAPTINO	EXPLORATION
IFATH	FAITH
TIRULA	RITUAL
NERLIGIO	RELIGION
CRUPSTIRES	SCRIPTURES
UATPLRIITSIY	SPIRITUALITY

Answer Key

Wild Animals Word Scramble

Can you unscramble the words below?

OILN	LION
HANTELPE	ELEPHANT
EIGTR	TIGER
RAIFGFE	GIRAFFE
CEAHHET	CHEETAH
EBRAZ	ZEBRA
IHNOR	RHINO
OAKRNAGOO	KANGAROO
FLOW	WOLF
GORILLA	GORILLA

Famous Scientists Word Scramble

Can you unscramble the words below?

NEITENS	EINSTEIN
NWETO	NEWTON
ILOEALG	GALILEO
IRADWN	DARWIN
UEICR	CURIE
ESLAT	TESLA
KINWGAH	HAWKING
AESTRPU	PASTEUR
REPELKE	KEPLER
ICUSROPNOC	COPERNICUS

Answer Key

Mythical Beasts
Word Scramble

Can you unscramble the words below?

RGANOD — DRAGON

FFINRIG — GRIFFIN

NOICORU — UNICORN

OHIENIPX — PHOENIX

ACMHIRE — CHIMERA

NKREAK — KRAKEN

NETAURC — CENTAUR

ROINAMTU — MINOTAUR

HSPHINX — SPHINX

SEGAPUS — PEGASUS

Pet Adoption
Logic Puzzles

Using the A,B,C,D,E (on the side) and the 1,2,3,4,5,6,7 (bottom), provide the correct coordinates for each pet. Hint: the first one is E1.

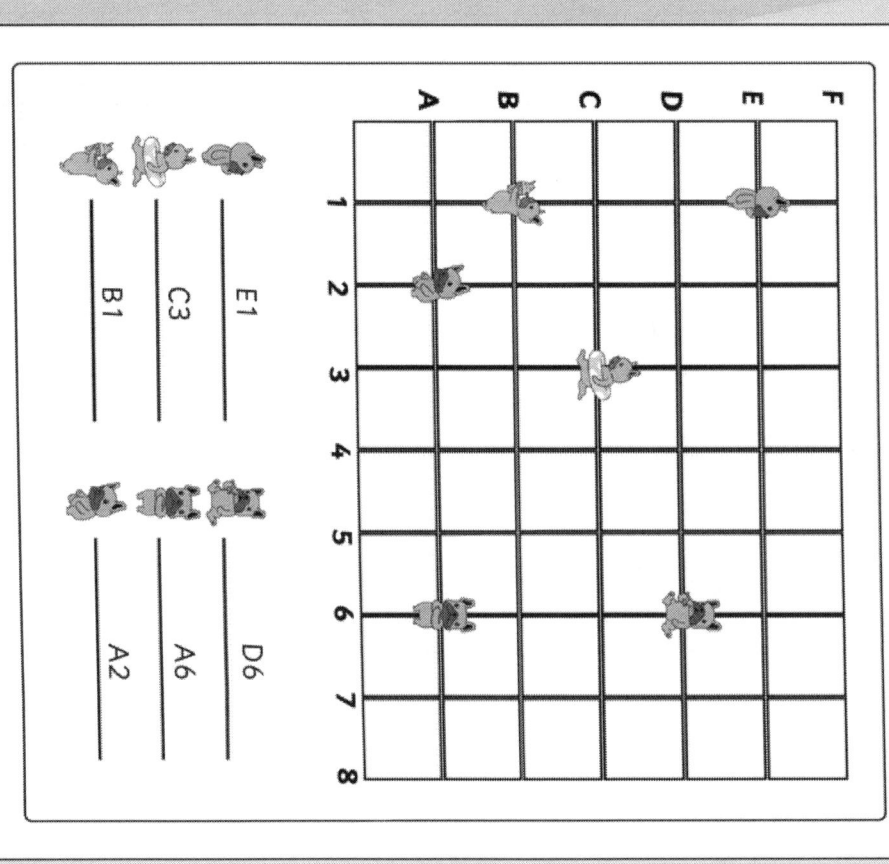

E1

C3

B1

D6

A6

A2

Answer Key

Birthday Party
Logic Puzzles

Using the A,B,C,D,E (on the side) and the 1,2,3,4,5,6,7 (bottom), provide the correct coordinates for each birthday party hat. Hint: the first one is D1.

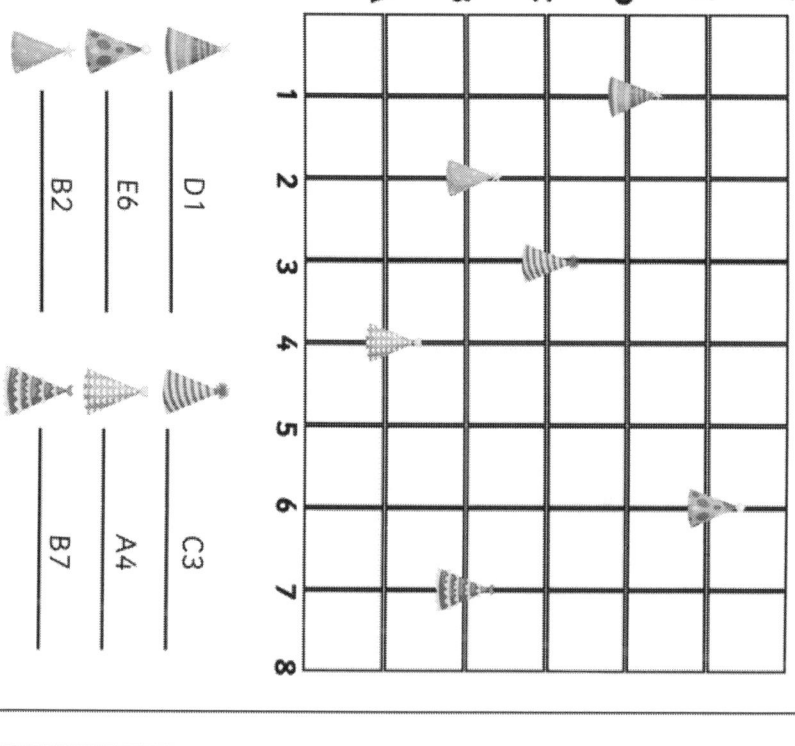

D1
E6
B2
C3
A4
B7

Treasure Hunt
Logic Puzzles

Using the A,B,C,D,E (on the side) and the 1,2,3,4,5,6,7 (bottom), provide the correct coordinates for each treasure hunting kid. Hint: the first one is F8.

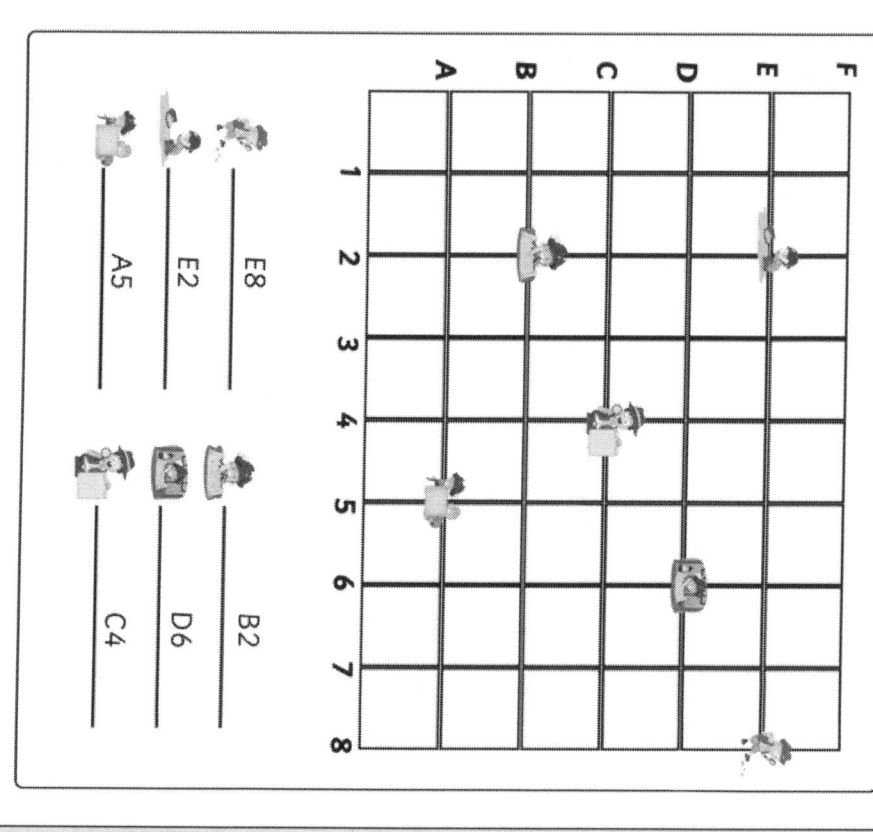

E8
E2
A5
B2
D6
C4

Answer Key

Mystery at the Zoo
Logic Puzzles

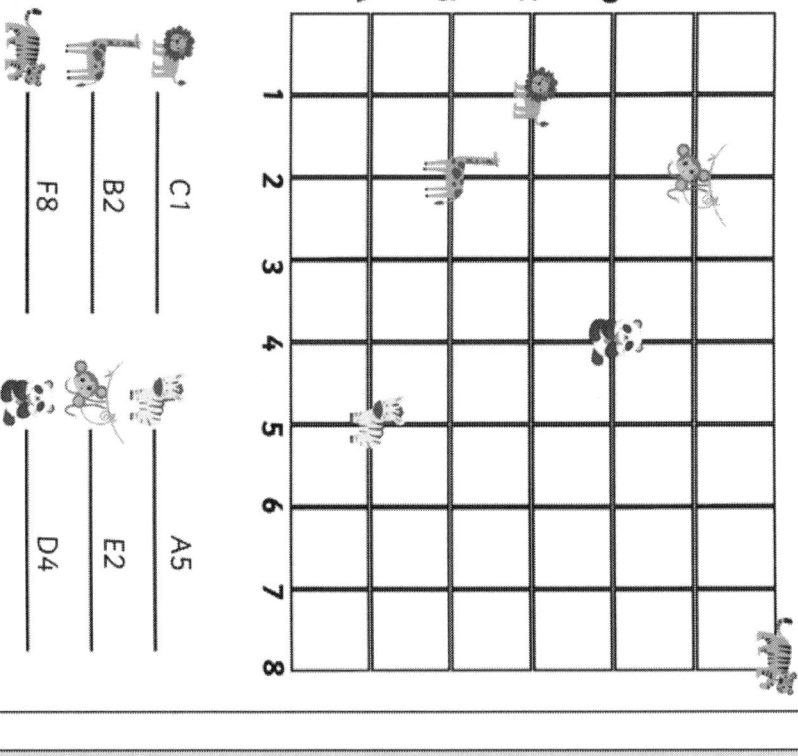

Using the A,B,C,D,E (on the side) and the 1,2,3,4,5,6,7 (bottom), provide the correct coordinates for each animal. Hint: the first one is C1.

____ C1
____ B2
____ F8

____ A5
____ E2
____ D4

School Science Fair
Logic Puzzles

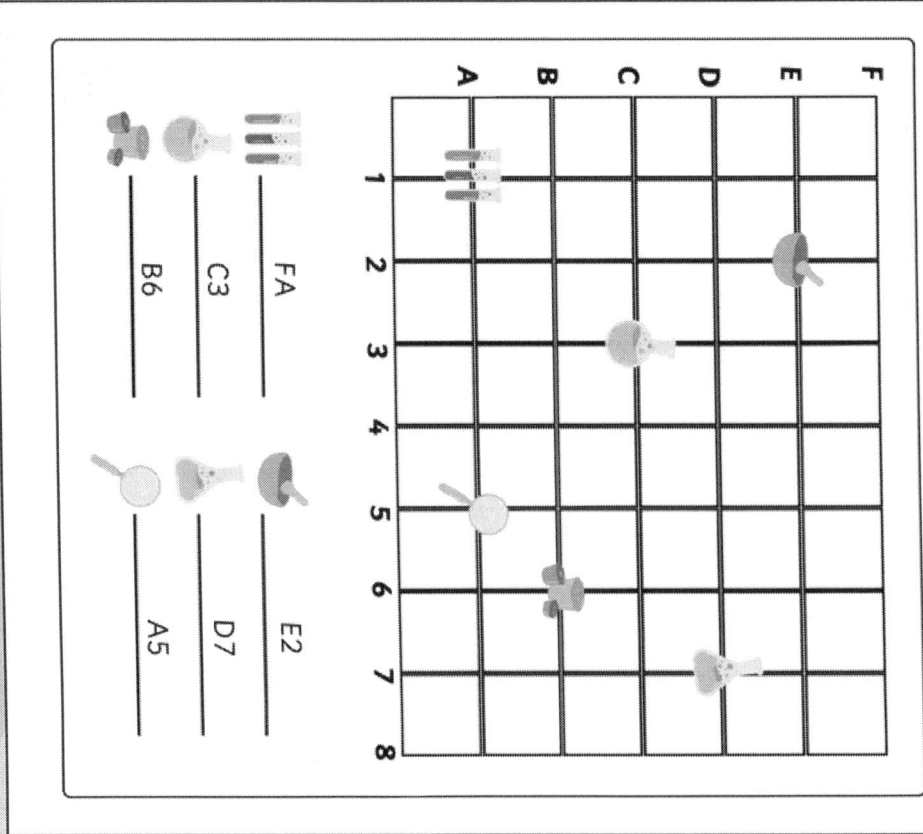

Using the A,B,C,D,E (on the side) and the 1,2,3,4,5,6,7 (bottom), provide the correct coordinates for each lab instrument. Hint: the first one is A1.

____ FA
____ C3
____ B6

____ E2
____ D7
____ A5

Answer Key

Animals Picture Sudoku

Fill in the missing pictures to solve the sudoku puzzle.

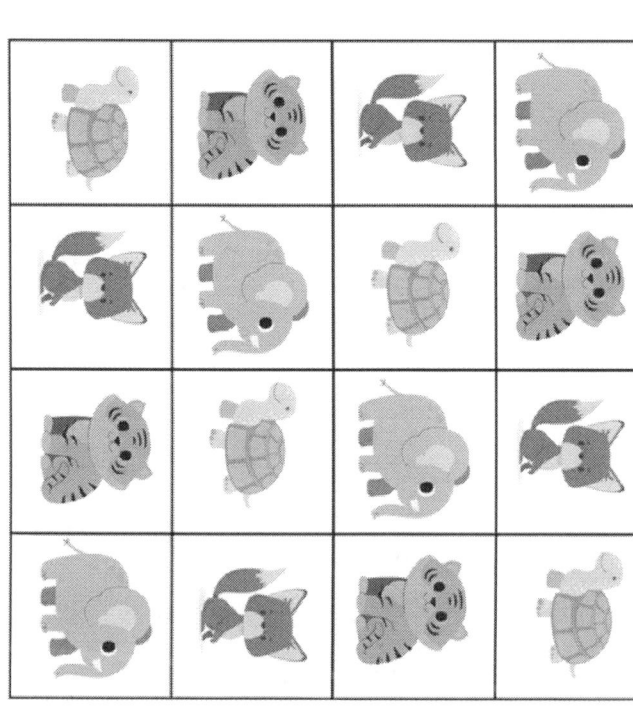

Space Picture Sudoku

Fill in the missing pictures to solve the sudoku puzzle.

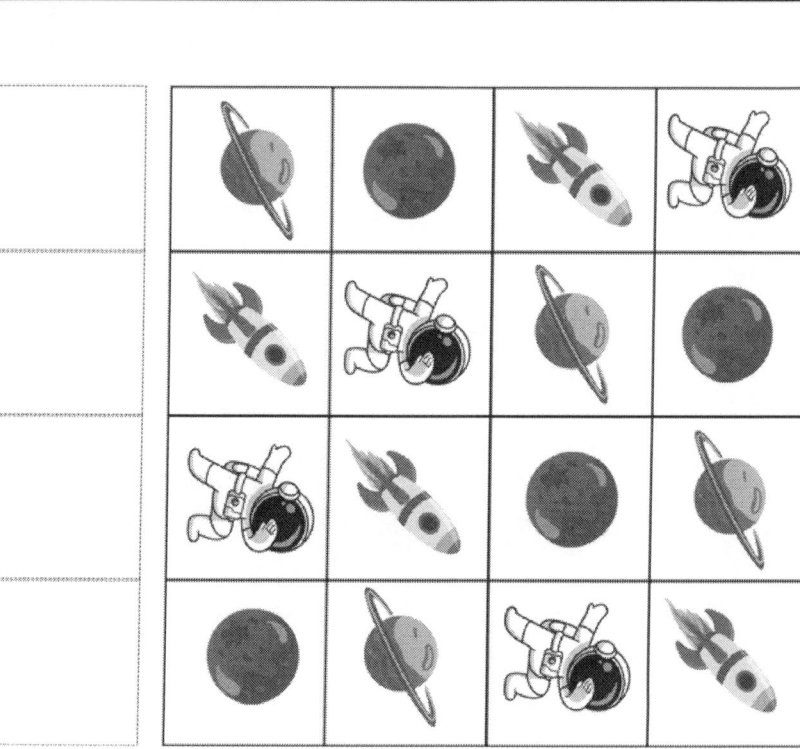

Answer Key

Picture Sudoku — Birds

Fill in the missing pictures to solve the sudoku puzzle.

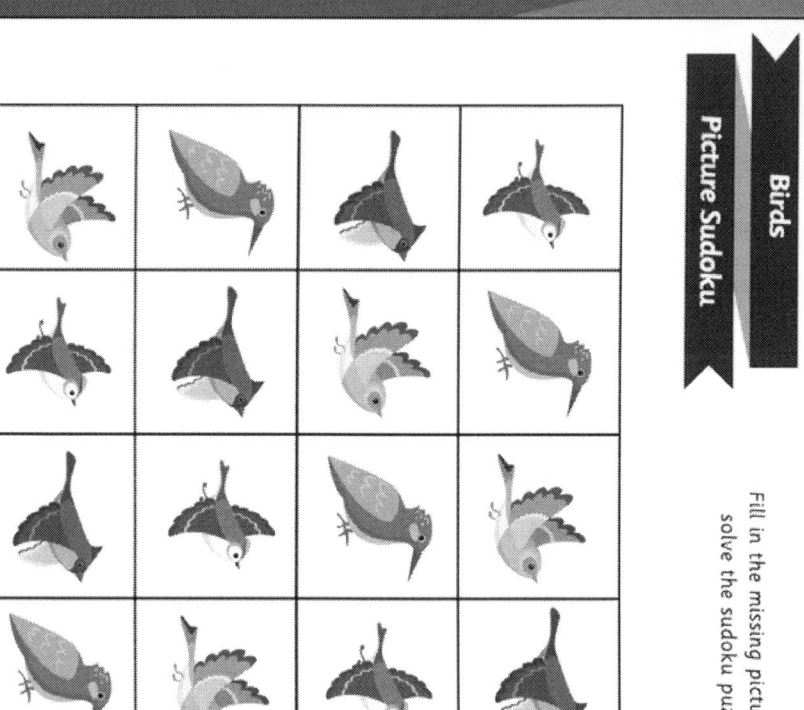

Picture Sudoku — Fantasy

Fill in the missing pictures to solve the sudoku puzzle.

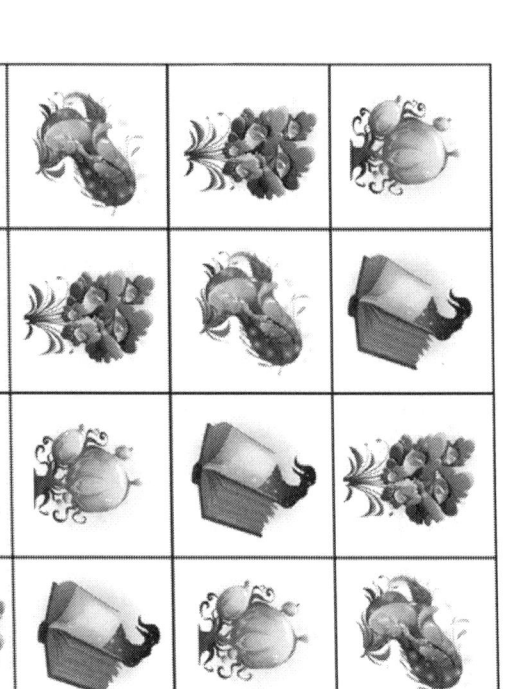

Answer Key

Picture Sudoku — Lifestyle

Fill in the missing pictures to solve the sudoku puzzle.

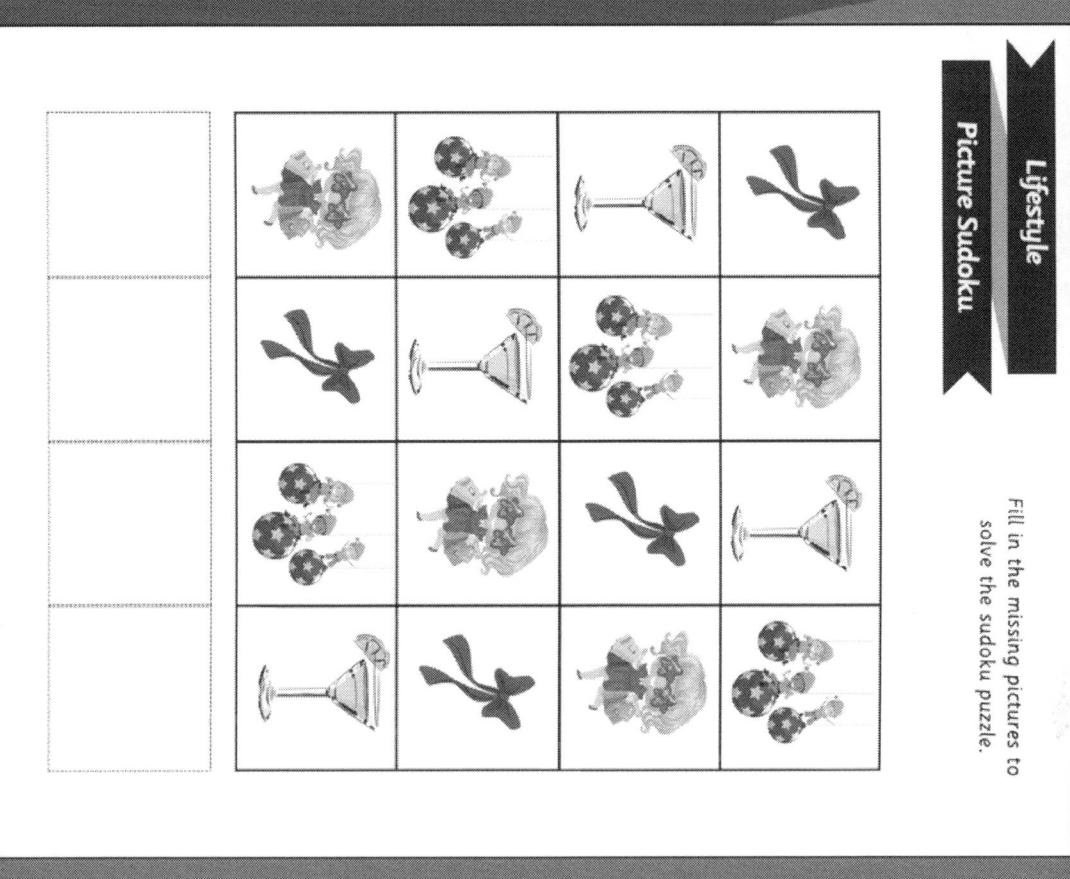

Number Sudoku — Easy

Fill in the missing pictures to solve the sudoku puzzle.

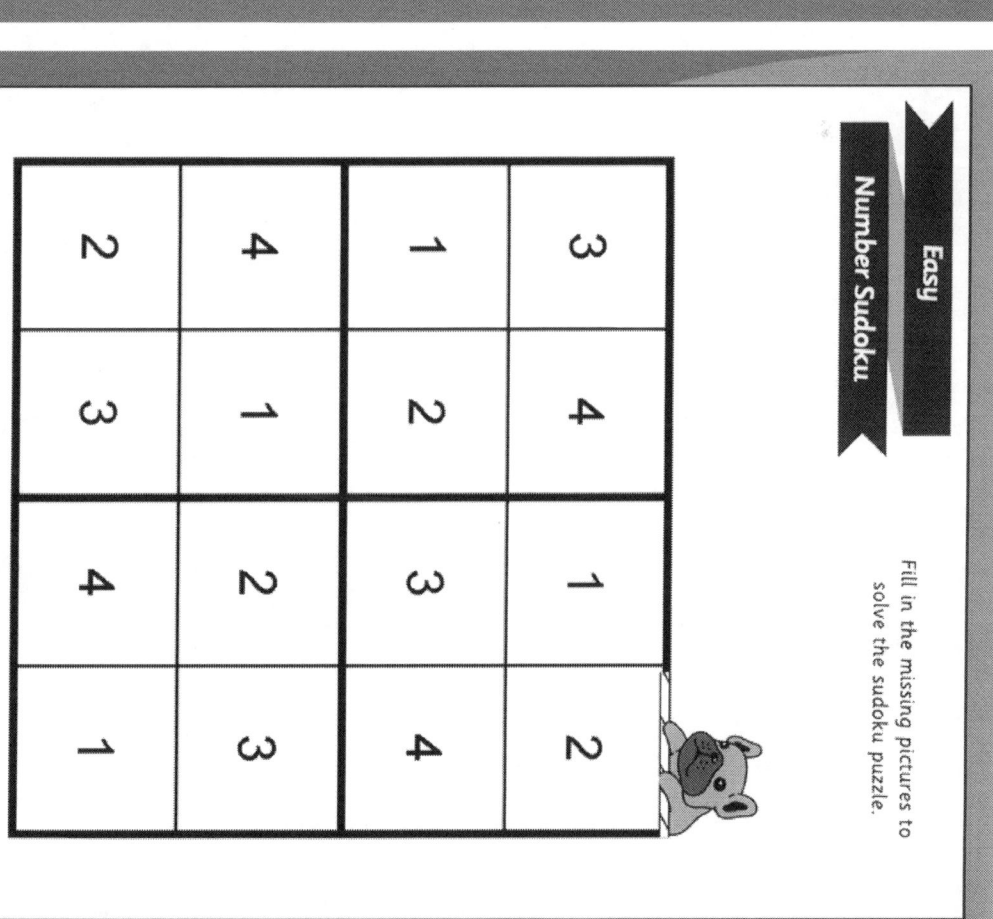

Answer Key

Easy
Number Sudoku

Fill in the missing pictures to solve the sudoku puzzle.

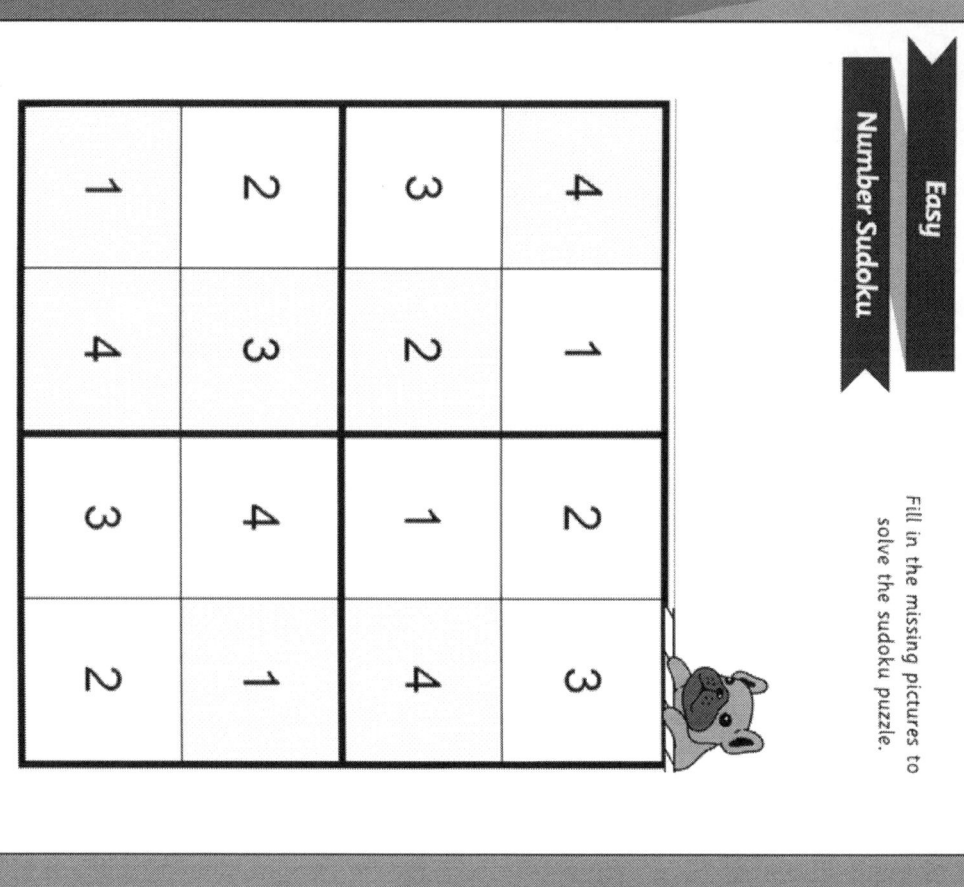

4	3	2	1
1	2	3	4
2	1	4	3
3	4	1	2

Medium
Number Sudoku

Fill in the missing pictures to solve the sudoku puzzle.

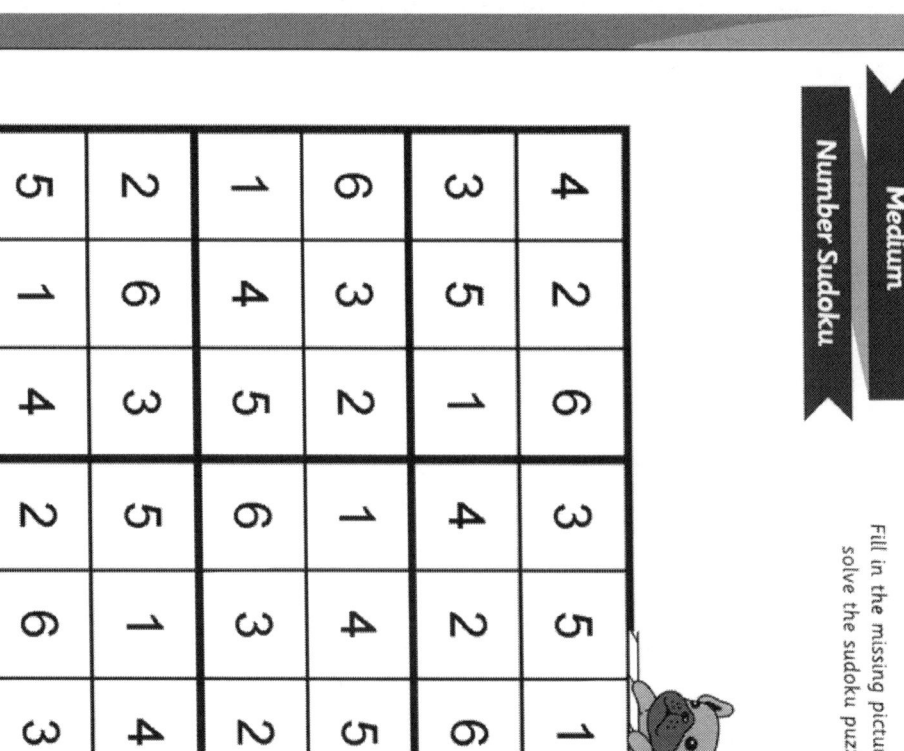

4	3	6	1	2	5
2	5	3	4	6	1
6	1	2	5	3	4
3	4	1	6	5	2
5	2	4	3	1	6
1	6	5	2	4	3

Answer Key

Medium Number Sudoku

Fill in the missing pictures to solve the sudoku puzzle.

2	3	1	6	4	5
6	4	5	3	2	1
1	5	4	2	3	6
3	2	6	1	5	4
4	1	2	5	6	3
5	6	3	4	1	2

Challenging Number Sudoku

Fill in the missing pictures to solve the sudoku puzzle.

5	3	4	6	7	8	9	1	2
6	7	2	1	9	5	3	4	8
1	9	8	3	4	2	5	6	7
8	5	9	7	6	1	4	2	3
4	2	6	8	5	3	7	9	1
7	1	3	9	2	4	8	5	6
9	6	1	5	3	7	2	8	4
2	8	7	4	1	9	6	3	5
3	4	5	2	8	6	1	7	9

Answer Key

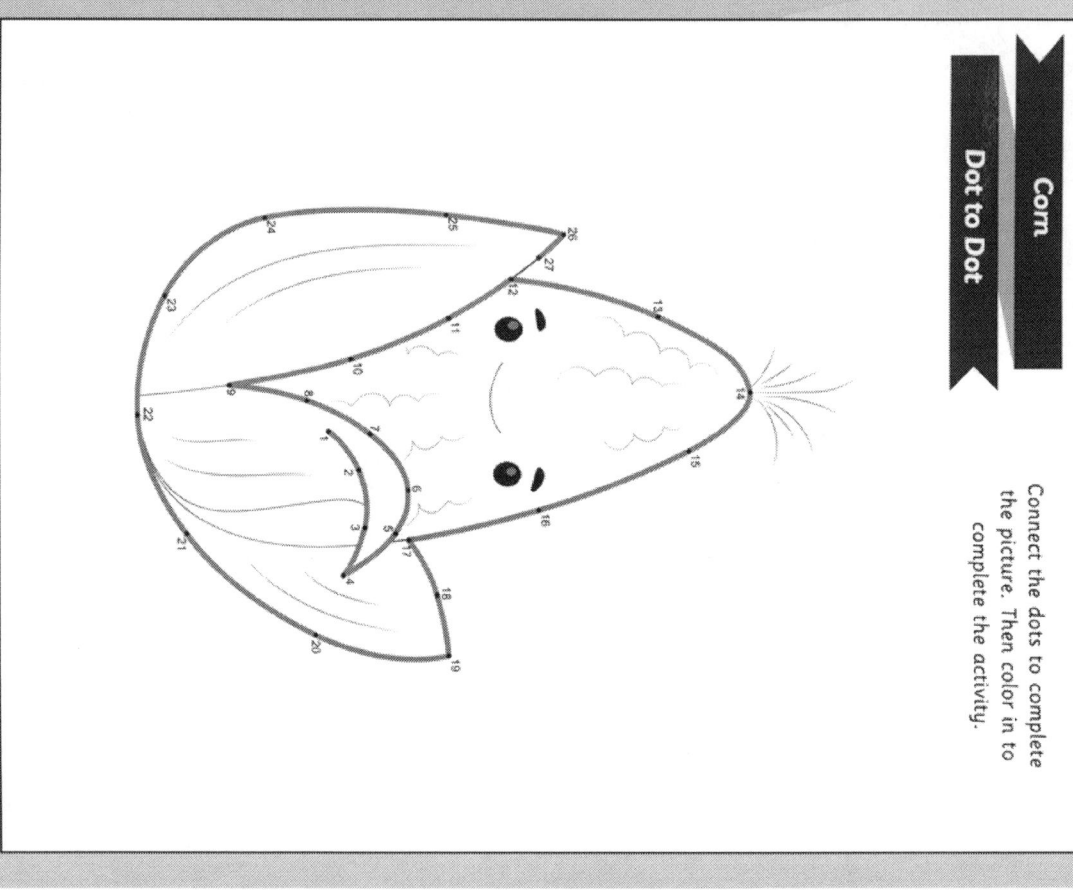

Corn — Dot to Dot

Connect the dots to complete the picture. Then color in to complete the activity.

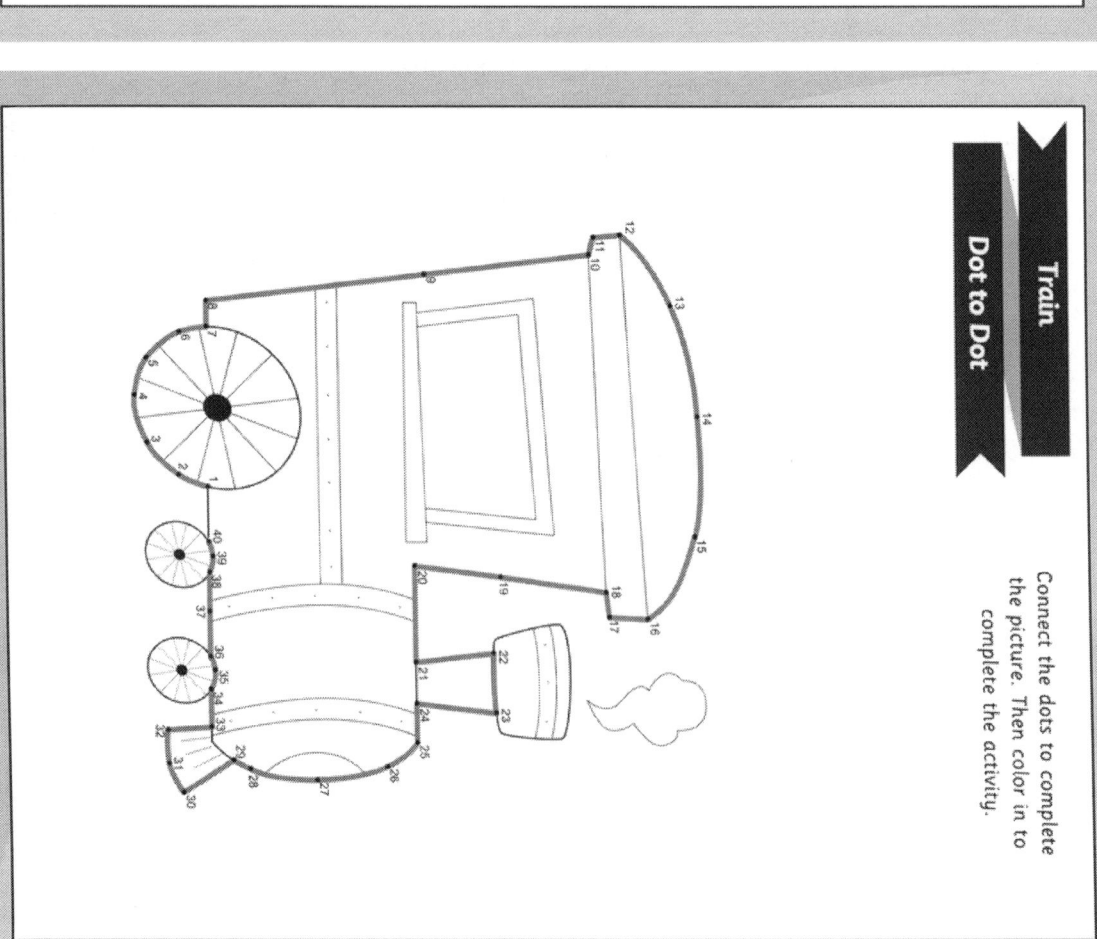

Train — Dot to Dot

Connect the dots to complete the picture. Then color in to complete the activity.

Answer Key

Dot to Dot — Plane

Connect the dots to complete the picture. Then color in to complete the activity.

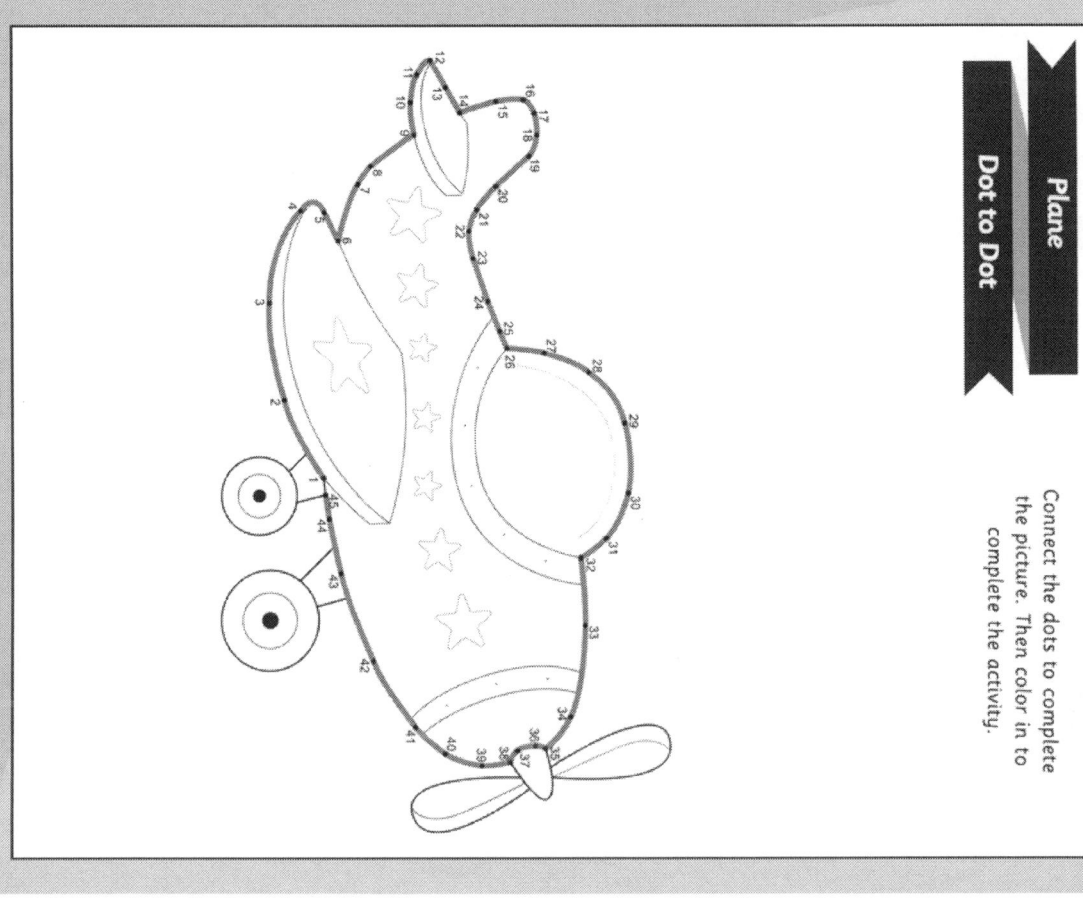

Dot to Dot — Tree

Connect the dots to complete the picture. Then color in to complete the activity.

Answer Key

Giraffe
Dot to Dot

Connect the dots to complete the picture. Then color in to complete the activity.

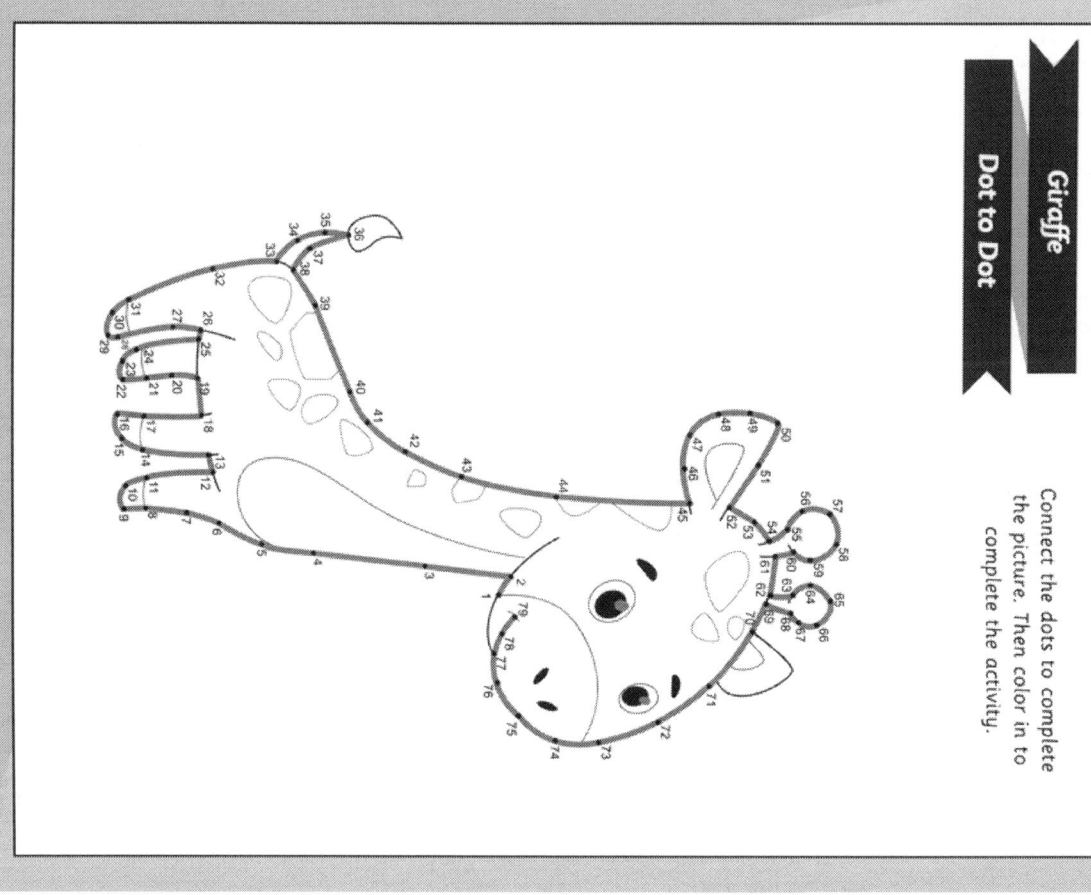

Mushroom
Dot to Dot

Connect the dots to complete the picture. Then color in to complete the activity.

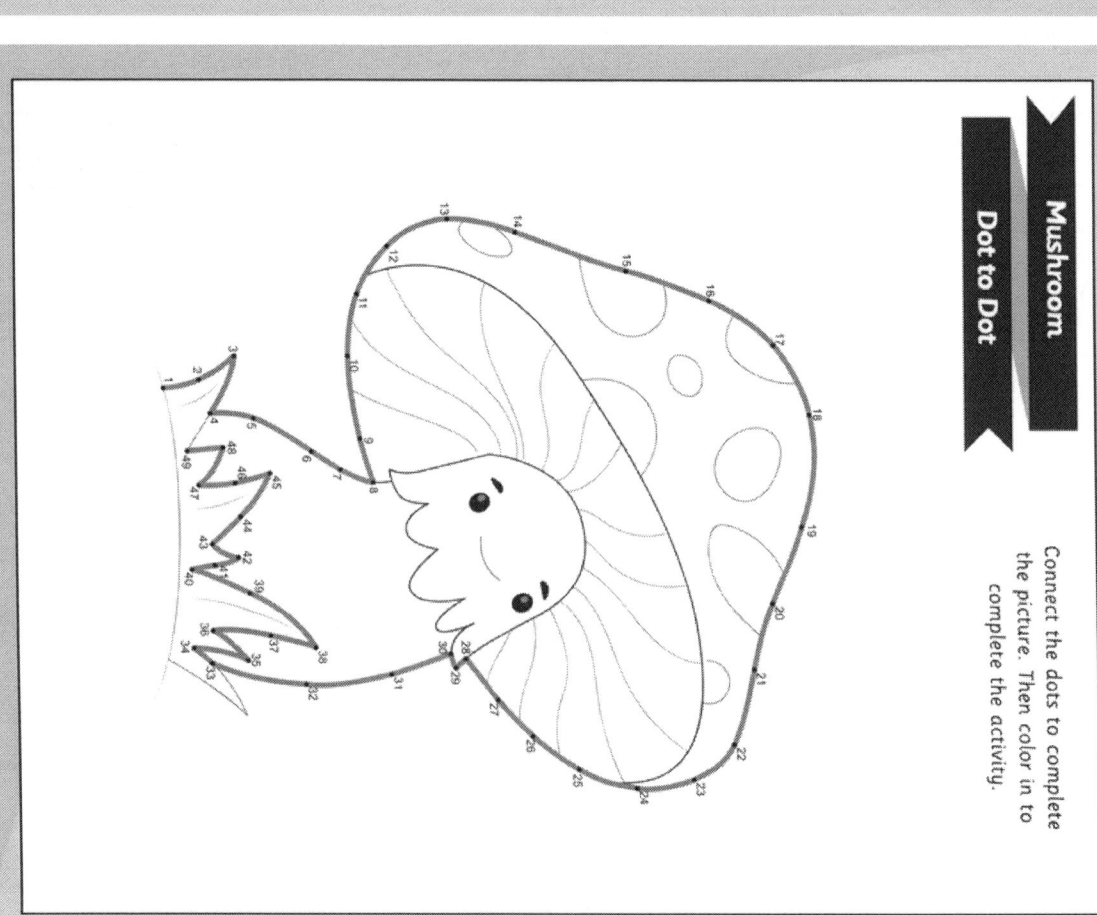

Answer Key

Dot to Dot — Cupcake

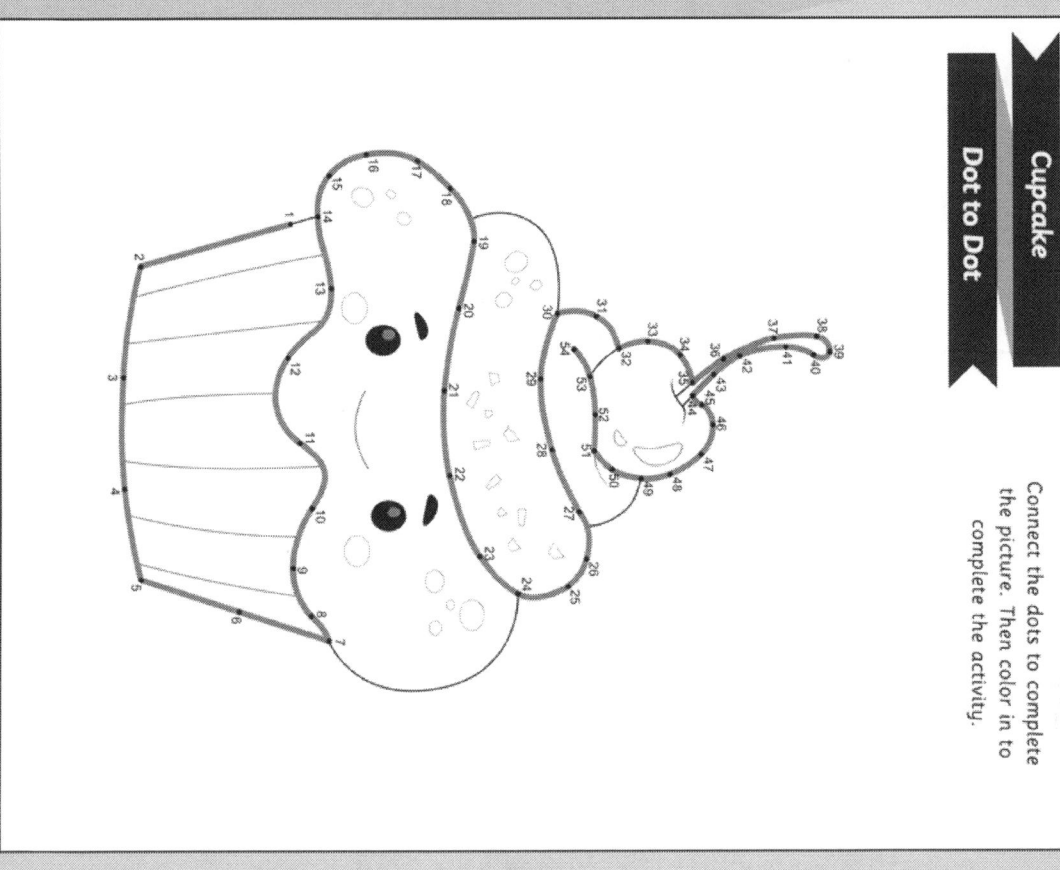

Connect the dots to complete the picture. Then color in to complete the activity.

Dot to Dot — Chick

Connect the dots to complete the picture. Then color in to complete the activity.

Answer Key

Rooster — Dot to Dot

Connect the dots to complete the picture. Then color in to complete the activity.

Reindeer — Dot to Dot

Connect the dots to complete the picture. Then color in to complete the activity.

Answer Key

Cubes
Count My Cubes

How many cubes are there?
Let's count and write.

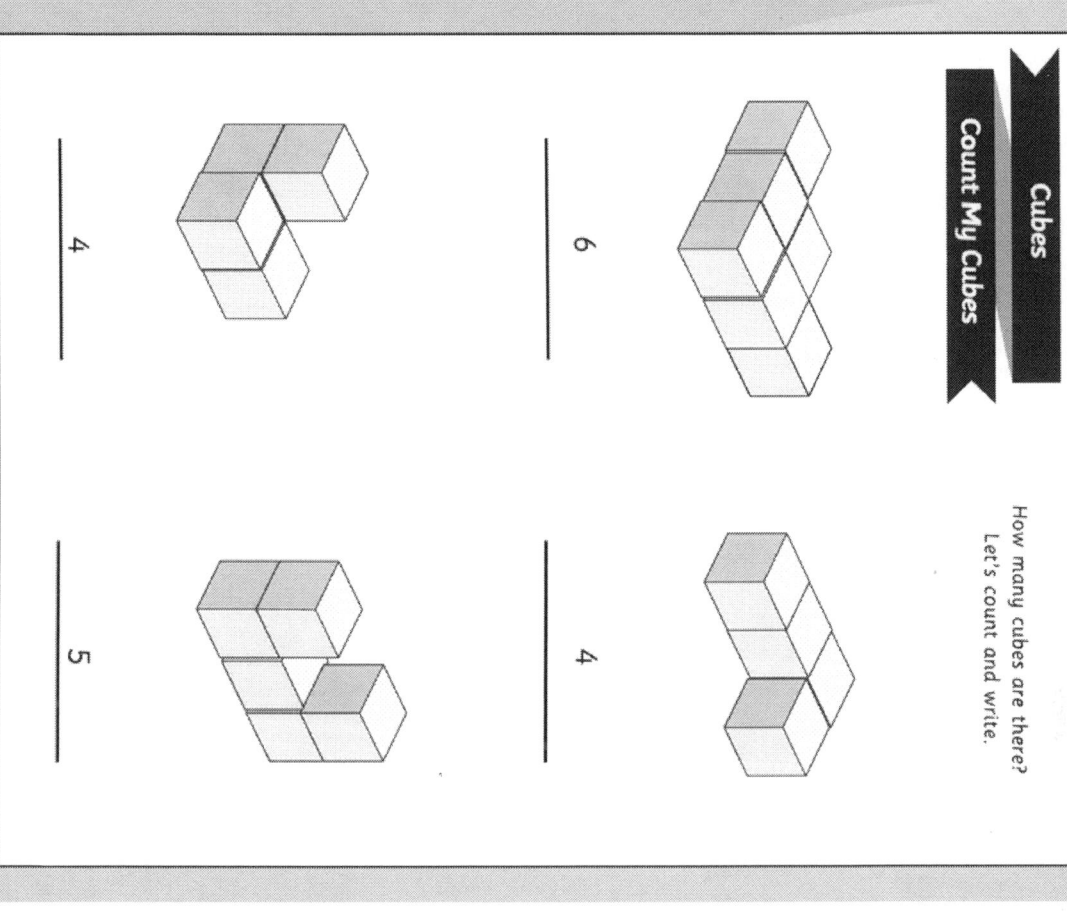

Cubes
Count My Cubes

How many cubes are there?
Let's count and write.

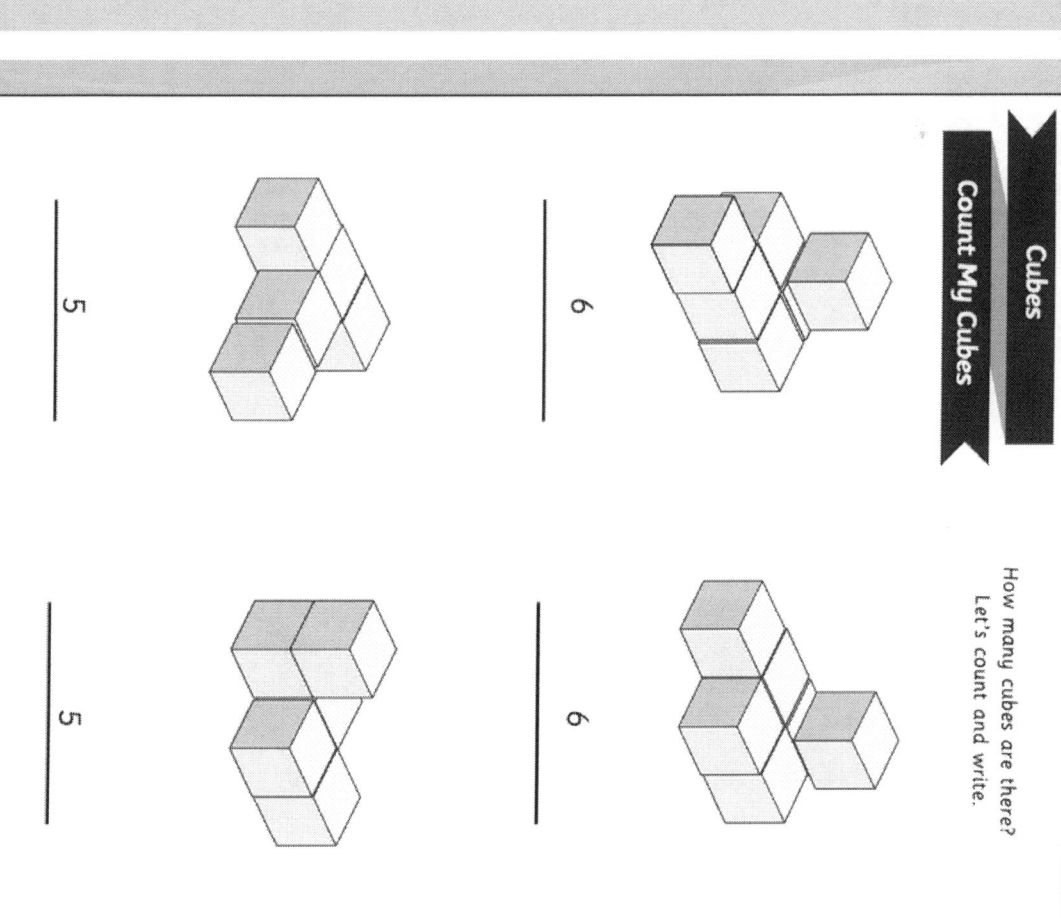

Answer Key

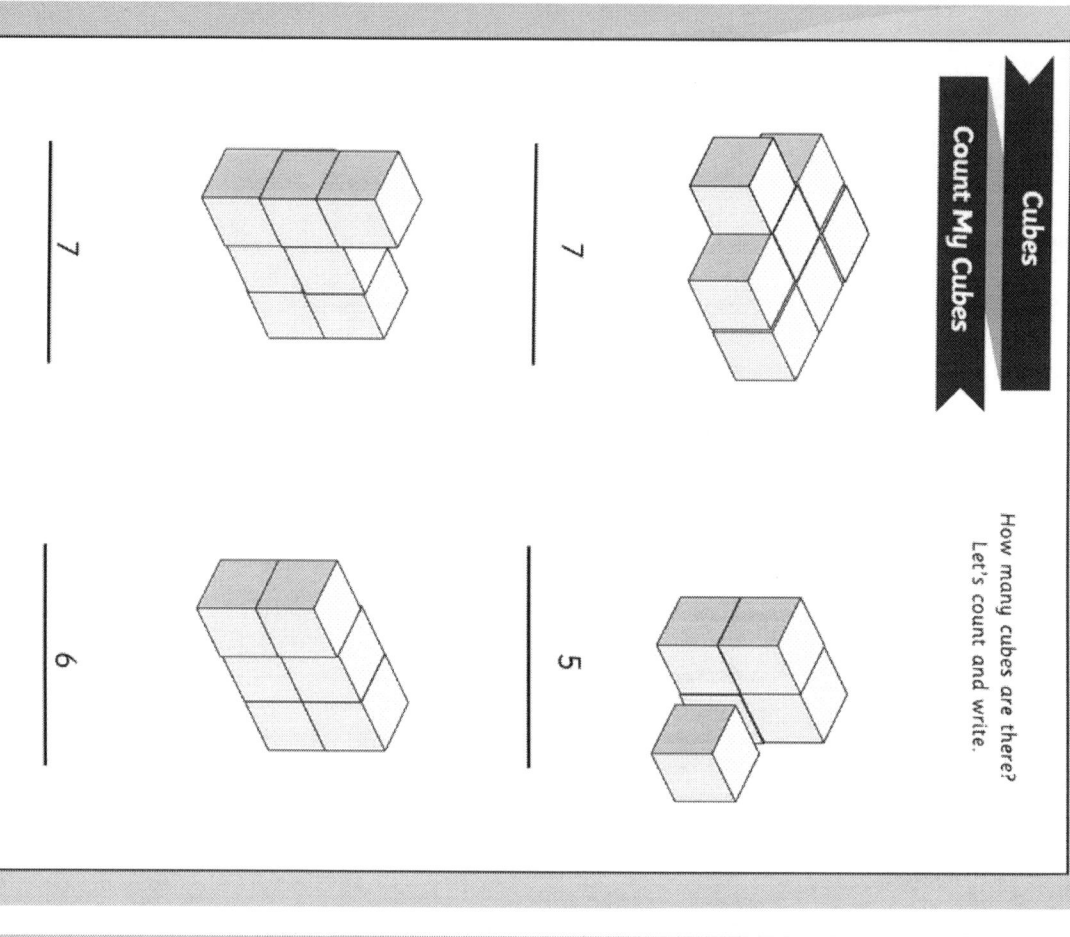

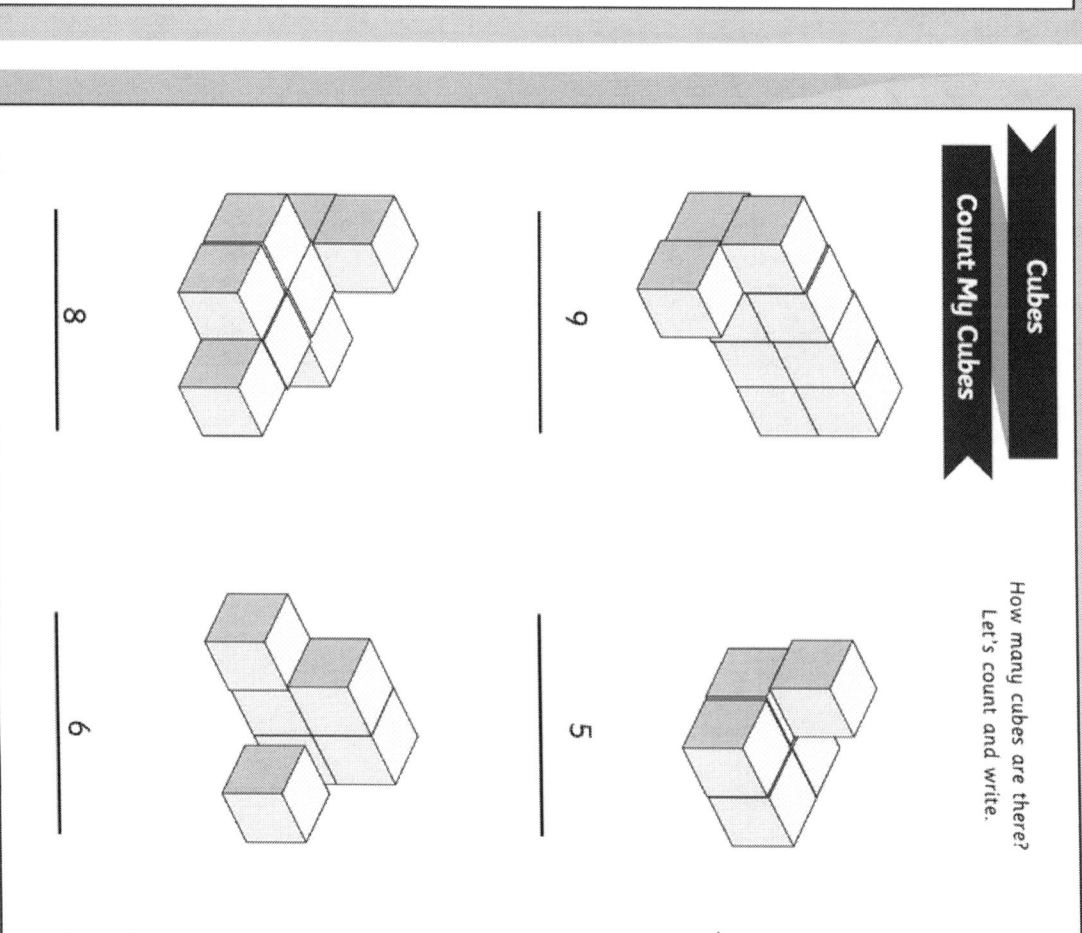

Answer Key

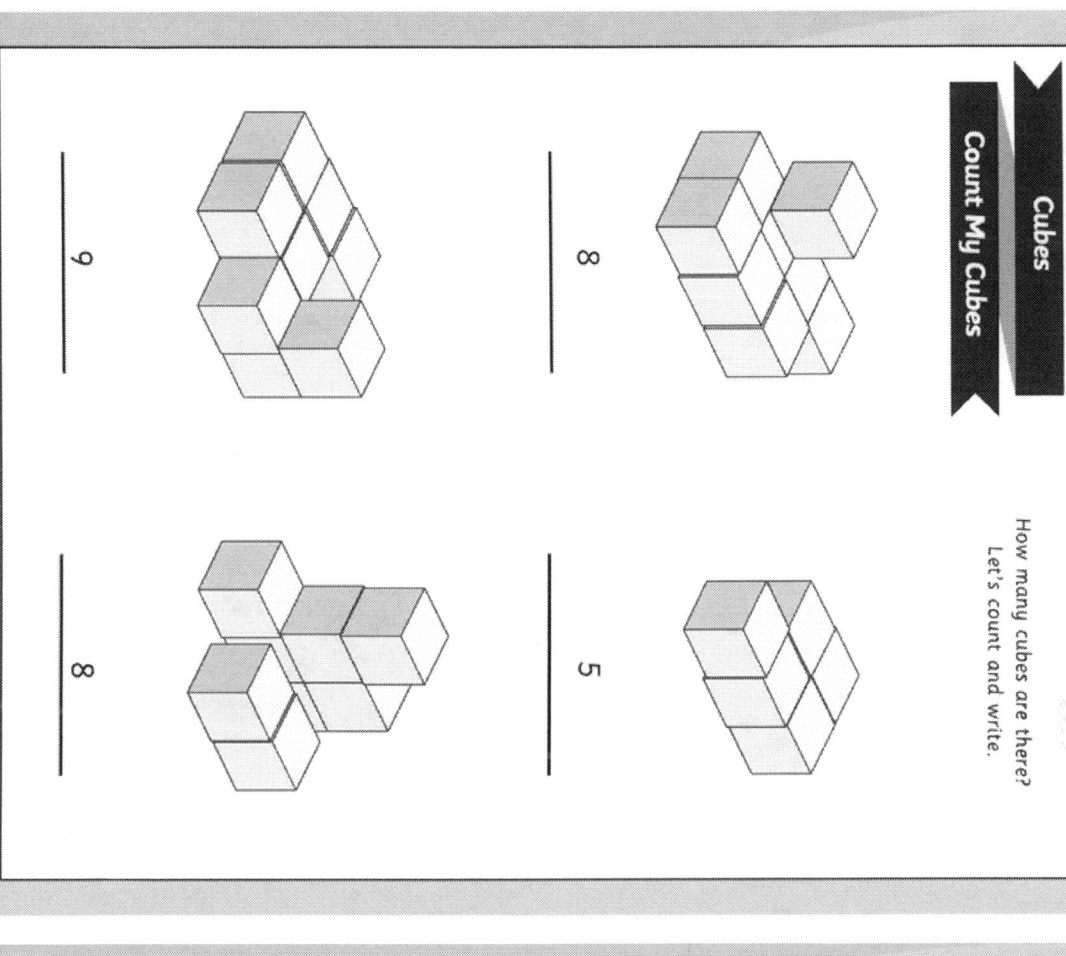

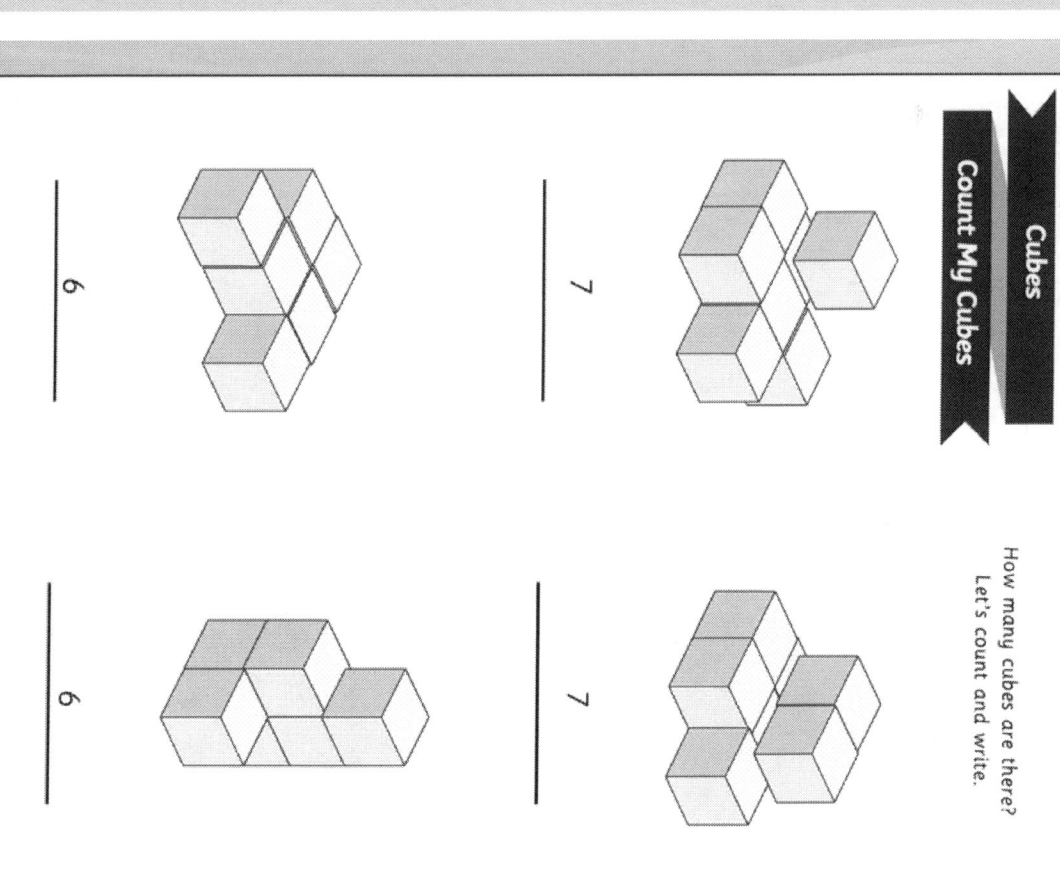

Answer Key

Cubes — Count My Cubes

How many cubes are there?
Let's count and write.

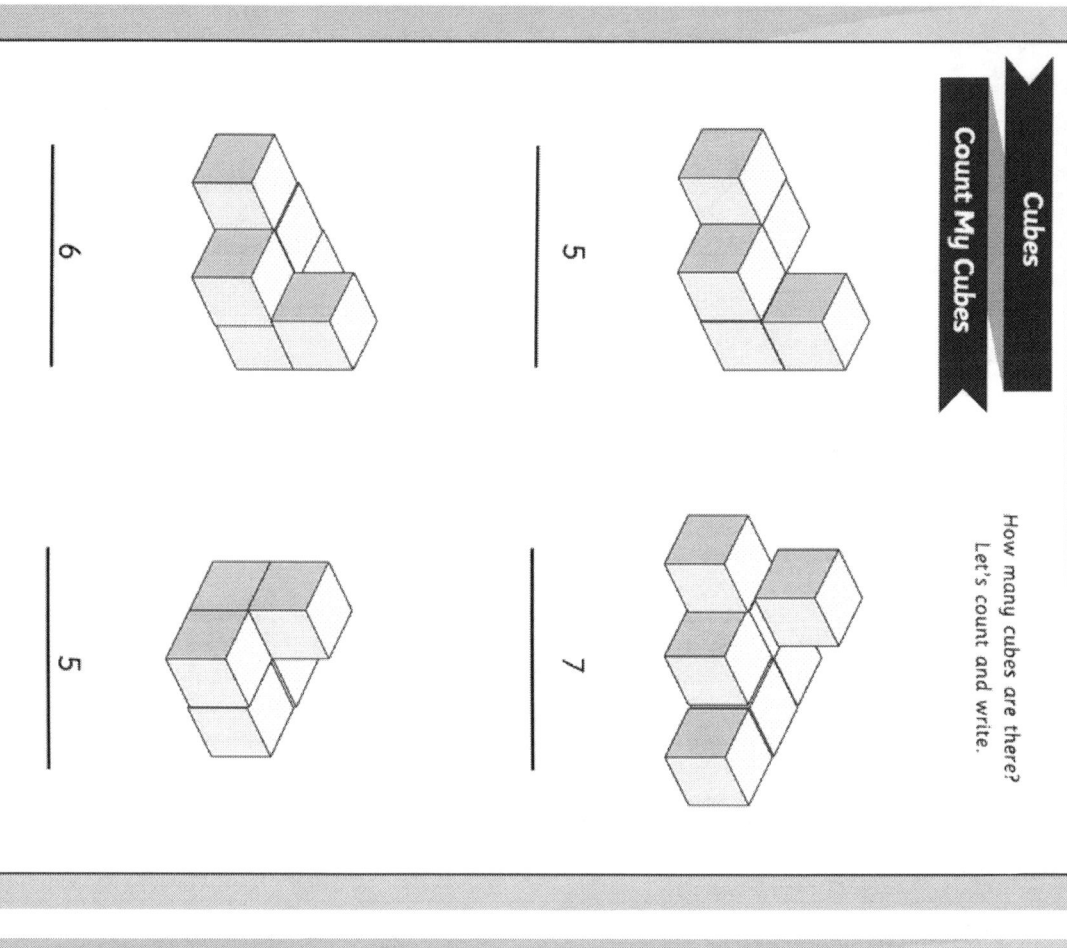

5

6

7

5

Cubes — Count My Cubes

How many cubes are there?
Let's count and write.

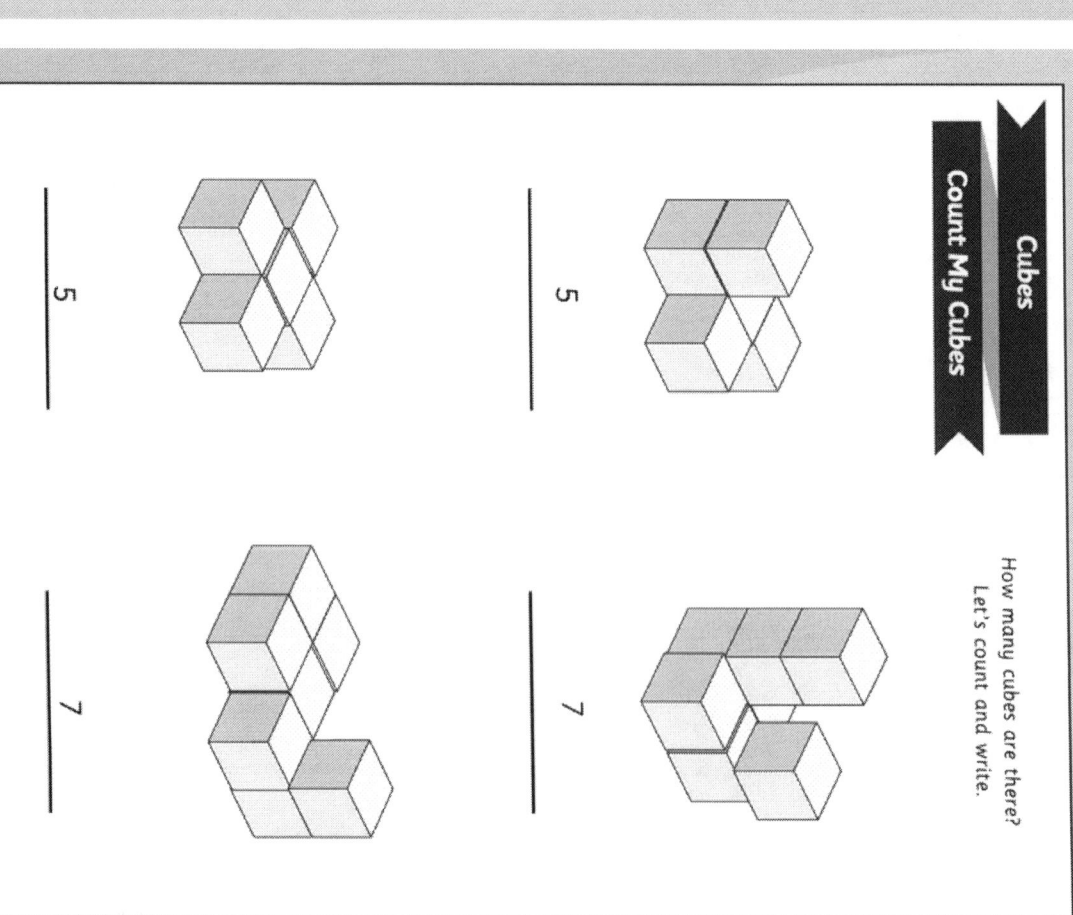

5

5

7

7

Answer Key

Cubes — Count My Cubes

How many cubes are there? Let's count and write.

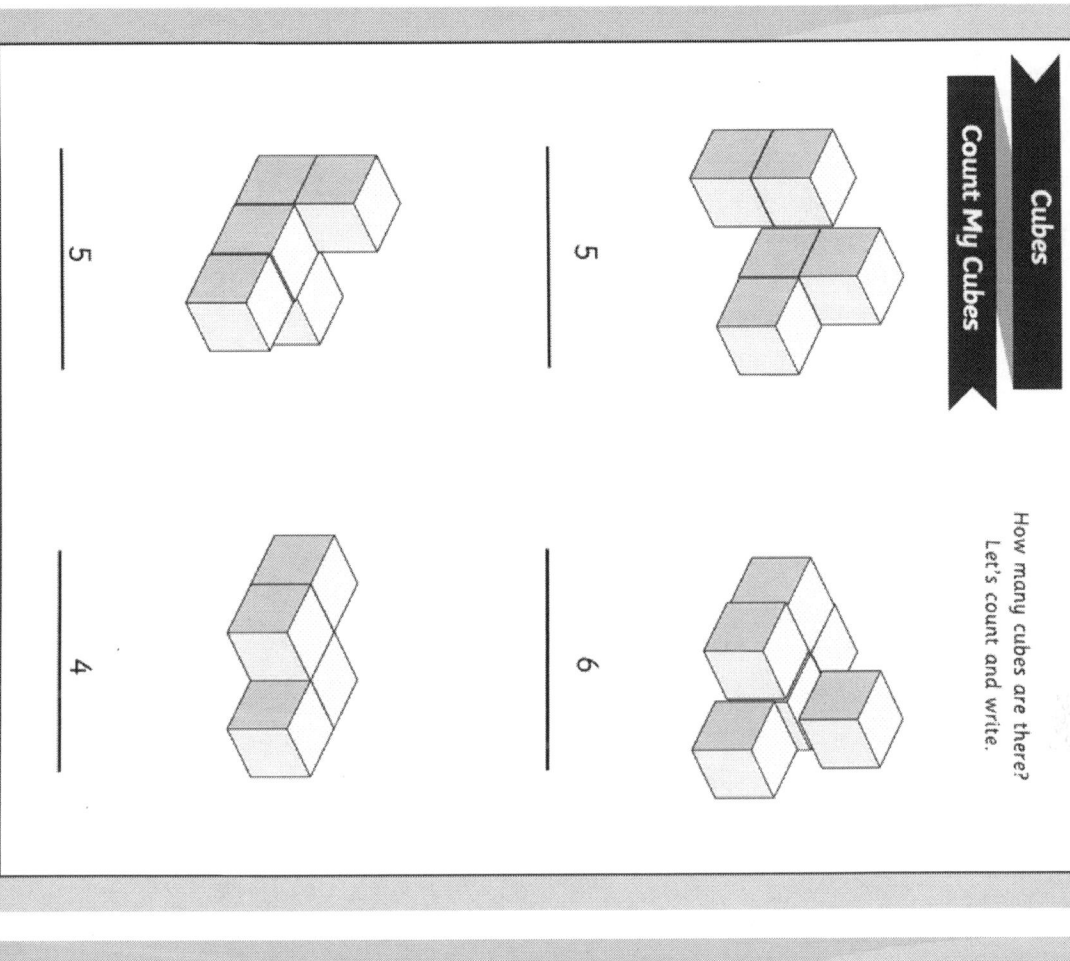

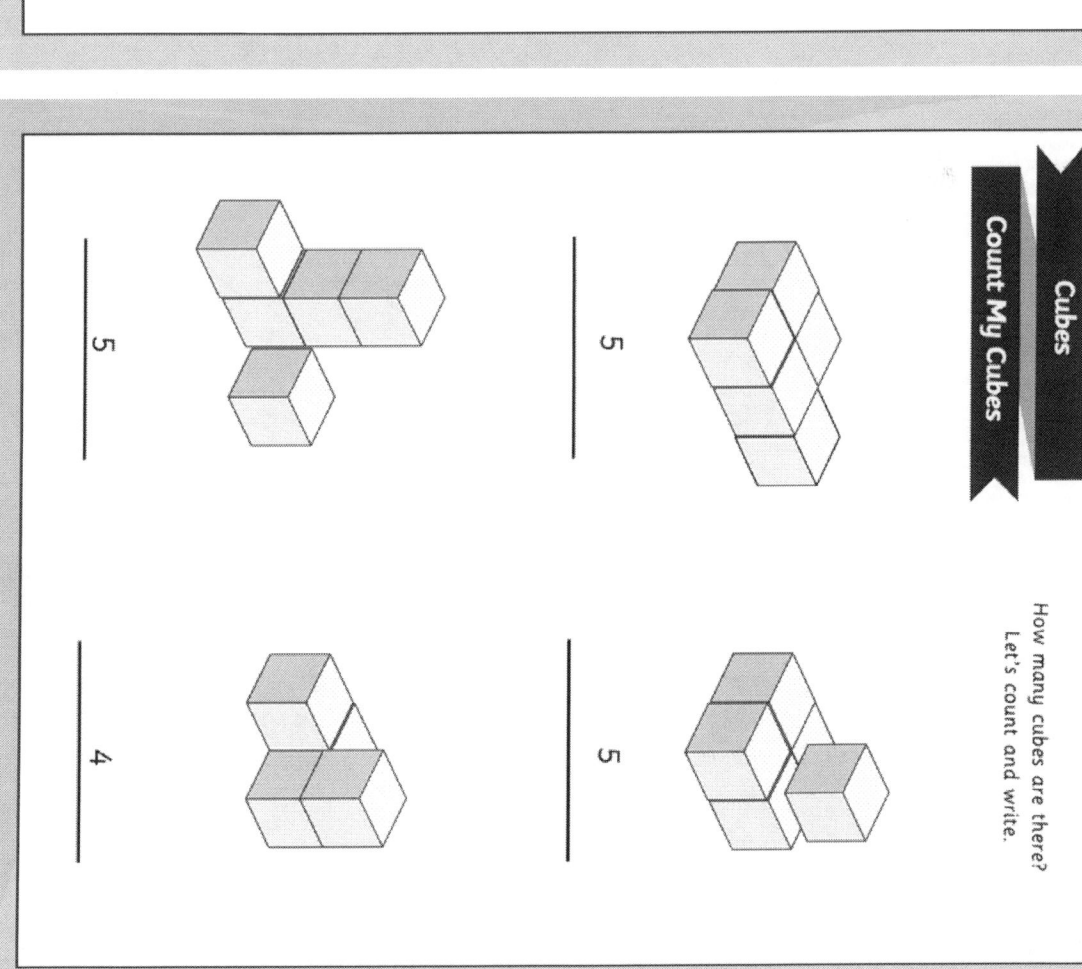

Made in United States
Troutdale, OR
12/12/2024

26328560R10064